Historia de Bali

Una guía fascinante sobre la historia de Bali y el impacto que esta isla ha tenido en la historia de Indonesia y del sudeste asiático

© Copyright 2021

Todos los derechos reservados. Ninguna parte de este libro puede ser reproducida de ninguna forma sin el permiso escrito del autor. Los revisores pueden citar breves pasajes en las reseñas.

Descargo de responsabilidad: Ninguna parte de esta publicación puede ser reproducida o transmitida de ninguna forma o por ningún medio, mecánico o electrónico, incluyendo fotocopias o grabaciones, o por ningún sistema de almacenamiento y recuperación de información, o transmitida por correo electrónico sin permiso escrito del editor.

Si bien se ha hecho todo lo posible por verificar la información proporcionada en esta publicación, ni el autor ni el editor asumen responsabilidad alguna por los errores, omisiones o interpretaciones contrarias al tema aquí tratado.

Este libro es solo para fines de entretenimiento. Las opiniones expresadas son únicamente las del autor y no deben tomarse como instrucciones u órdenes de expertos. El lector es responsable de sus propias acciones.

La adhesión a todas las leyes y regulaciones aplicables, incluyendo las leyes internacionales, federales, estatales y locales que rigen la concesión de licencias profesionales, las prácticas comerciales, la publicidad y todos los demás aspectos de la realización de negocios en los EE. UU., Canadá, Reino Unido o cualquier otra jurisdicción es responsabilidad exclusiva del comprador o del lector.

Ni el autor ni el editor asumen responsabilidad alguna en nombre del comprador o lector de estos materiales. Cualquier desaire percibido de cualquier individuo u organización es puramente involuntario.

Índice

INTRODUCCIÓN 1
CAPÍTULO 1 - BALI EN INDONESIA 3
CAPÍTULO 2 - BALI ANTES DE LA ERA COMÚN 15
CAPÍTULO 3 - EL PERIODO HISTÓRICO 26
CAPÍTULO 4 - EL IMPERIO MAYAPAHIT 36
CAPÍTULO 5 - GELGEL Y LA ÉPOCA MUSULMANA 45
CAPÍTULO 6 - LAS PRIMERAS EXPLORACIONES EUROPEAS 59
CAPÍTULO 7 - BALI Y LAS INFLUENCIAS COLONIALES 69
CAPÍTULO 8 - INDEPENDENCIA Y DEMOCRACIA 81
CAPÍTULO 9 - PATRIMONIO EXISTENTE........................95
CONCLUSIÓN..108
VEA MÁS LIBROS ESCRITOS POR CAPTIVATING HISTORY 111
REFERENCIAS..112
REFERENCIAS DE IMÁGENES..122

Introducción

La modesta isla de Bali, en el sudeste asiático marítimo, es una brillante joya de la corona del archipiélago indonesio, que atrae a millones de turistas año tras año a sus magníficas playas, exuberantes bosques tropicales y un patrimonio cultural único. Conocida durante siglos como "la Isla de los Dioses", Bali cuenta con una gran cantidad de templos que representan la espiritualidad de los pueblos que han recalado en sus costas desde tiempos remotos. Los más intrínsecos de estos magníficos templos son los dedicados al hinduismo balinés, una mezcla endémica de budismo, hinduismo, animismo y creencias indígenas introducidas desde Java por el Imperio mayapahit hace medio milenio.

La mística de Bali y su histórica reticencia a someterse a las potencias extranjeras la convirtieron en una joya aún más brillante, una gema rara que todavía no había sido arrebatada por la fuerza durante la época colonial. Tras una resistencia de trescientos años, la isla quedó por fin completamente bajo la soberanía holandesa a principios del siglo XX, a la que seguiría poco después el impacto de las guerras mundiales y luego, inevitablemente, la creación de Indonesia como república independiente.

Ya sea por sus impresionantes paisajes, por el estatus de Patrimonio de la Humanidad de la isla por el sistema de riego del arroz subak, por su riqueza cultural —ya sea por la música, la danza o su historia de coloridas pantomimas y desfiles religiosos— o por el impacto de sus ornamentados templos antiguos, Bali sigue hipnotizando a los visitantes que llegan a sus costas como lo ha hecho desde la prehistoria. Al carecer de recursos naturales o de los valiosos artículos que los comerciantes marítimos de antaño requerían para obtener ganancias, resulta extraño que Bali haya atraído tanta atención e intriga a lo largo de la historia. El talento balinés para adaptarse a los tiempos cambiantes ha mantenido protegida una cultura excepcional y vulnerable a través de cada ola sucesiva de injerencia extranjera. Bali existe como un monumento vivo al pasado, inalterado en muchos aspectos y que sigue siendo un refugio para quienes buscan consuelo espiritual y existencial.

Tal vez la isla esté simplemente situada de forma fortuita a lo largo del arco de la cadena de islas de Indonesia, escondiéndose silenciosamente del mundo real, pero quizás fue la obra mágica de un antiguo sacerdote hindú que construyó cadenas de templos marinos para proteger sus costas. Lo que haya mantenido a Bali resistente a la metamorfosis a lo largo de los años sigue ahí, celebrando en silencio la belleza y la conmovedora historia de esta extraordinaria isla.

Capítulo 1 - Bali en Indonesia

La historia de Bali debe entenderse en el contexto de su posición geográfica en el Sudeste Asiático y, más concretamente, como provincia de la nación archipielágica de la República de Indonesia. Las treinta y cuatro provincias de Indonesia constituyen más de diecisiete mil islas que se extienden en un arco desde el océano Índico hasta el Pacífico y limitan con Asia al norte y Oceanía (incluida Australia) al sur. Indonesia está compuesta en su totalidad por islas y es el mayor país insular del mundo. Indonesia, junto con Malasia, Papúa Nueva Guinea, Filipinas, las Islas Salomón y Timor Oriental, forman una zona oceánica conocida como el Triángulo de Coral. El Triángulo de Coral es una región ecológicamente significativa de abundante vida coralina y marina que está reconocida como el centro mundial de la conservación de la biodiversidad marina. Conocido como el "Amazonas de los mares", el Triángulo de Coral cubre un área de 5,7 millones de kilómetros cuadrados de aguas oceánicas que contienen casi el 80% de las especies de coral de aguas poco profundas del mundo, casi el 40% de los peces de arrecife del mundo, la mayoría de las tortugas marinas del mundo y otras maravillas marinas únicas.

El Sudeste Asiático puede dividirse en continental y archipelágico, del que Indonesia forma parte. La parte continental del Sudeste Asiático puede denominarse con el nombre histórico de Indochina, que es esencialmente una gran península formada por los países de Camboya, Laos, Myanmar, Malasia continental, Tailandia y Vietnam. Como parte del Sudeste Asiático marítimo, la región de islas, que incluye las actuales Indonesia, Malasia, Singapur, el sur de Tailandia, Filipinas, Brunei, Timor Oriental y Taiwán, también puede denominarse Archipiélago Malayo o con el nombre histórico del siglo XIV de Nusantara ("islas exteriores"). La palabra *nusa* es un derivado de este nombre y significa isla. El archipiélago indonesio ha sido una zona valiosa para el comercio desde el siglo VII de nuestra era, cuando los imperios regionales comerciaban con China e India, siendo sustituidos por potencias comerciales coloniales a partir del siglo XVI. Las influencias coloniales europeas se mantuvieron activas en Indonesia hasta mediados del siglo XX, siendo los holandeses la potencia dominante en la región durante 350 años. El concepto de una Indonesia soberana surgió a principios del siglo XX, y el país se independizó de todas las potencias coloniales en 1945, tras la rendición de los japoneses al final de la Segunda Guerra Mundial. Sin embargo, la última influencia colonial, los holandeses, no aceptaron la soberanía de Indonesia hasta 1949, tras un conflicto armado.

El lema nacional de Indonesia, *Bhinneka Tunggal Ika* ("Unidad en la diversidad"), refleja la multitud de grupos étnicos y lingüísticos de su población y la rica diversidad cultural por la que es conocida. Aunque el javanés es el grupo lingüístico más numeroso, la lengua nacional es el indonesio, una versión estandarizada del malayo austronesio. A pesar de que el islam es la religión dominante en Indonesia, las influencias históricas del hinduismo, el budismo y el cristianismo han dado lugar a un amplio pluralismo religioso.

La Indonesia actual está constituida por treinta y cuatro provincias divididas en siete regiones geográficas: Sumatra, Java, Kalimantan, Sulawesi, Nueva Guinea Occidental (Papúa), las Islas Maluku y las

Islas Menores y Mayores de la Sonda. Mientras que Sumatra, Java, Kalimantan, Sulawesi y Nueva Guinea Occidental son grandes islas o secciones de grandes islas por derecho propio, las Sundas y las Molucas son agrupaciones de islas cuya soberanía se comparte a menudo con otras naciones del Sudeste Asiático. Sumatra es la segunda isla más grande (después de Kalimantan) de la cadena indonesia, y se extiende junto al sur del continente malayo. Java sigue el arco insular de Sumatra y no solo es la isla más poblada de Indonesia (representa el 56% de la población del país, más de 140 millones de personas), sino que también es la más poblada del mundo. En la costa noroeste de Java, la capital indonesia, Yakarta, alberga a casi once millones de personas y es la segunda zona urbana más poblada del mundo después de Tokio. Junto con Borneo (la mayor parte de la cual consiste en Kalimantan) y Sulawesi, estas cuatro islas constituyen las Grandes Islas de la Sonda. Todas las provincias indonesias —excepto Bali, que es predominantemente hindú— son de mayoría musulmana, y es el país de mayoría musulmana más poblado del mundo.

La provincia (*propinsi* o *provinsi*) de Bali forma parte de las islas Menores de la Sonda. Las Sundas Menores se conocen en indonesio como *Kepulauan Nusa Tenggara* ("Archipiélago del Sureste") o *Kepulauan Sunda Kecil* ("Archipiélago de las Sundas Menores"). Junto con las cuatro grandes islas de la Gran Sonda, forman las islas de la Sonda, que reciben el nombre común y fueron formadas por el Arco de la Sonda volcánico. Las Sundas menores se extienden de oeste a este desde el arco de Sumatra y Java, desde Bali en el oeste hasta las islas Tanimbar en el este. Las Sundas Menores, hacia el este, también suelen formar parte de la agrupación de islas indonesias de las Maluku (Molucas). El archipiélago de las Maluku se encuentra entre las islas indonesias de Sulawesi, al oeste, y Nueva Guinea, al este (y al noreste de Timor). Los comerciantes marítimos de la época colonial se referían a las islas Maluku, así como a una pequeña agrupación de islas al sur llamadas islas Banda, como las "islas de las especias", debido a su abundancia natural de nuez moscada, macis y clavos. La isla de Bali no es fácilmente navegable, ya que está rodeada de arrecifes de coral, lo que dificultaba enormemente el acercarse en tiempos pasados. Las corrientes que separan Java de Bali por el oeste son muy fuertes, y el sur se ve azotado a menudo por mares intensos.

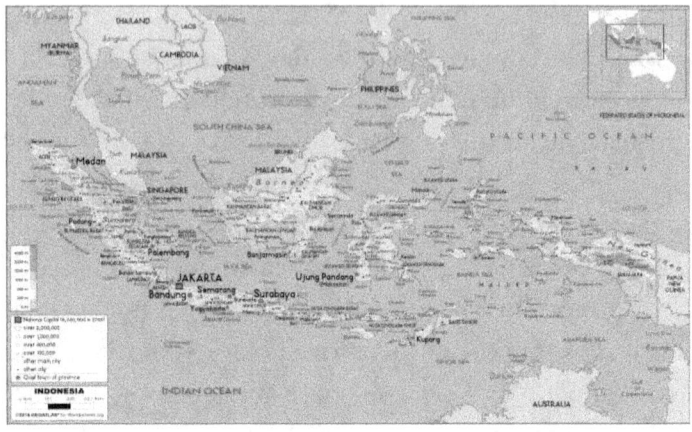

[1] Mapa físico de Indonesia, sudeste asiático

El país insular de Indonesia es un producto geológico de la actividad volcánica del cinturón de Fuego del Pacífico y posiblemente de otros cinturones sísmicos. El cinturón de Fuego es una zona en forma de herradura invertida de intensas fuerzas tectónicas que encapsula la mayor parte del océano Pacífico y se extiende dentro y alrededor de Indonesia y la mayor parte de la sección archipelágica del Sudeste Asiático. El cinturón de Fuego se asocia a terremotos persistentes y sísmicos y a la actividad volcánica, que son el resultado del desplazamiento de las placas continentales que se encuentran en las profundidades de la superficie del océano dentro de la litosfera (o capa sólida más externa) de la Tierra. En todo el mundo hay siete placas tectónicas principales, así como una serie de placas más pequeñas, que están en un proceso continuo y gradual de movimiento o deriva. El movimiento relativo de las placas en los lugares donde se encuentran crea fricción y da lugar a terremotos y volcanes y, posteriormente, a la formación de montañas o fosas. El cinturón de Fuego del Pacífico está marcado específicamente en sus extremos por el proceso de subducción, por el que dos placas se empujan mutuamente. A través de esta convergencia, una placa es empujada por debajo de otra, obligándola finalmente a reciclarse en el manto terrestre (una capa más profunda, caliente y viscosa del planeta).

Las islas orientales de Indonesia (la mayor parte de las Sundas menores, excepto Bali, Sulawesi, las islas Maluku y todas las demás masas de tierra hacia el este) suelen asociarse con el cinturón de Fuego, pero existe un desacuerdo científico sobre si las islas occidentales pueden incluirse en el cinturón de Fuego. Estas islas también están asociadas al cinturón Alpino. El cinturón Alpino es una zona sísmica que se extiende desde el sudeste asiático occidental a lo largo de las regiones montañosas del sur de Eurasia, pasando por la extensión de Europa, hasta el Atlántico en el oeste. En términos geológicos, el oeste de Indonesia incluye las islas de la Gran Sonda, así como Bali, Lombok, Sumbawa y Sangeang, que políticamente forman parte de la Pequeña Sonda.

[2] Islas Menores de la Sonda, Indonesia, mostrando Bali en el extremo occidental, adyacente a Java

Sea cual sea el arco geológico en el que se formó Bali, fue el resultado de la subducción tectónica de la placa indo-australiana bajo la placa euroasiática y la posterior elevación del fondo oceánico por encima del nivel del mar. La deformación de la placa euroasiática superior ha dado lugar a una cadena de volcanes (estratovolcanes) que se extienden de oeste a este por las tierras del norte de Bali, aunque esta no es en sí misma una isla volcánica. Los volcanes más jóvenes de Bali son los más orientales, de los cuales el más joven es el monte

Agung, o *Gunung Agung* ("Gran Montaña"). Se encuentra a 3.000 metros (cerca de 10.000 pies) sobre el nivel del mar y sigue activo.

En general, los suelos de Indonesia están sometidos a una profunda meteorización química y a una rápida erosión debido a las temperaturas perpetuamente altas y a las fuertes precipitaciones. Las zonas de selva tropical experimentan ciclos de descomposición y renovación de nutrientes, pero estos suelos no son necesariamente ideales para la agricultura porque, una vez que los bosques son despejados, la tierra expuesta está sujeta a una importante erosión y lixiviación de minerales. La presencia de volcanes activos, como el Agung en Bali, tiene el potencial de reponer los suelos erosionados o lixiviados, ya que la tierra es reemplazada periódicamente por cenizas volcánicas, que renuevan la cantidad de suelo, así como su valor nutritivo en el tiempo. En concreto, los sistemas de riego de los arrozales de Bali transportan esta carga de nutrientes desde las zonas más altas de cultivo hasta las más bajas, por lo que se aprovecha el valor nutritivo de los depósitos volcánicos. Los agricultores balineses han considerado históricamente a los volcanes como el hogar de las diosas de la fertilidad que traen la abundancia a sus campos.

Desde el punto de vista geofísico, Bali forma parte de la plataforma de Sunda, de la que las islas de Sunda derivan su nombre. La plataforma de Sunda es una extensión de la plataforma continental (borde terrestre) del sudeste asiático. Curiosamente, todas las islas Menores de la Sonda al este de Bali (desde Lombok en adelante) no forman parte de la plataforma de la Sonda, y un pronunciado gradiente submarino separa a Bali de gran parte del este y sureste de Indonesia, que descansa sobre la plataforma continental adyacente de Sahul (Australia). La división biogeográfica que separa las masas terrestres de las plataformas de Sunda y Sahul se conoce como línea Wallace. Esta línea fue identificada por el naturalista y explorador británico Alfred Russell Wallace en 1859 durante su exploración de las Indias Orientales. Wallace (1823-1913) fue el coautor de *El origen de las especies* de Charles Darwin y viajó por el sudeste asiático marítimo en el siglo XIX, investigando la flora y la fauna. La línea fue bautizada posteriormente por un biólogo inglés y uno de los primeros partidarios de la teoría de la evolución, Thomas Henry Huxley, que también nació en el siglo XIX.

La línea Wallace delimita una clara diferencia de fauna y flora entre el oeste y el este de esta hipotética frontera en función del origen continental de las masas de tierra. El lado occidental de la línea es claramente asiático, y el lado oriental, también conocido como Wallacea, es una zona de transición o amortiguación entre Asia y Australia, y contiene una mezcla de especies tanto asiáticas como australianas. Aunque esta división se refiere sobre todo a la fauna (especies animales), parece que también se refiere a las especies florales (plantas), aunque no de forma tan específica. La línea Wallace atraviesa Indonesia, separando Borneo de Sulawesi, y sobre todo el estrecho de Lombok, que separa Bali de Lombok.

La plataforma de Sunda que se extiende desde el continente del sudeste asiático es el resultado de la erosión del continente principal y de la actividad volcánica que se acumuló y se compactó alrededor de los bordes del continente a lo largo de los milenios, a medida que el nivel del mar subía y bajaba a lo largo de las distintas épocas glaciales. Sundaland es el nombre dado a las zonas de tierra expuestas que eran visibles durante la última edad de hielo (24.000 a 17.000 a. C.). Esta extensa masa de tierra asiática incluía la península de Malaca, Borneo, Java, Sumatra, Bali y otras islas circundantes. Alrededor del 14.000 a. C., el agua de deshielo del final de la última era glacial llenó las zonas bajas entre las islas que existen en la actualidad. Los mares entre las islas cubren antiguas penillanuras, que son llanuras sísmicamente estables en las etapas finales de la erosión fluvial.

La plataforma de Sunda se caracteriza por una baja actividad sísmica y, en general, se considera estable, a excepción de los volcanes activos de Sumatra, Java y Bali, que son técnicamente una adición a la plataforma de Sunda conocida como el Arco de Sunda, el arco volcánico creado por la subducción de las placas indoaustraliana y euroasiática. El complicado patrón y la historia de la formación geológica en la plataforma de Sunda y sus alrededores, así como la errática creación y disolución de puentes terrestres con el continente asiático, han dado lugar a un alto nivel de biodiversidad, así como a un importante grado de endemismo biológico, incluyendo discontinuidades locales, como la línea Wallace. En la propia Bali, los gruesos depósitos de ceniza volcánica han creado una buena fertilidad del suelo y han dado lugar a la prosperidad agrícola de las islas. Las islas balinesas estuvieron conectadas a Java durante los niveles bajos del mar en las distintas épocas glaciales, y su fauna y flora son claramente asiáticas.

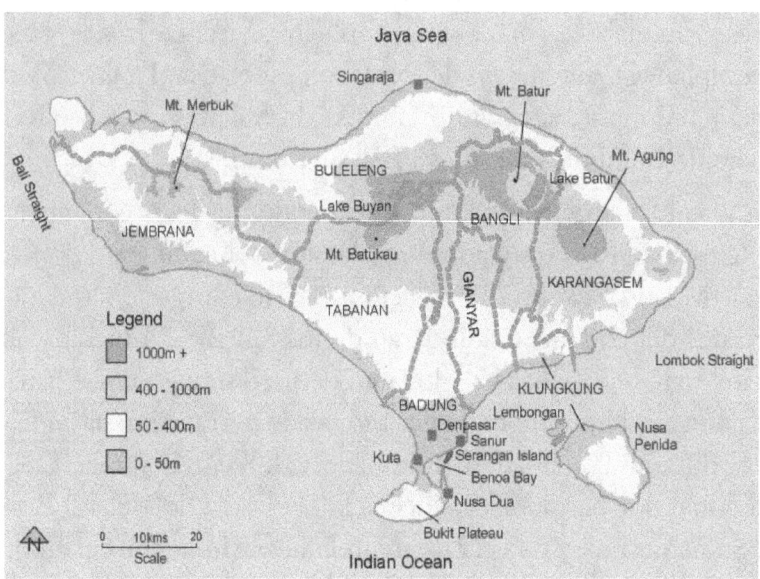

[3] Bali, Indonesia, incluidas las islas satélites de Nusa Penida, Nusa Lembongan y Nusa Ceningan al sureste. El mapa muestra las ocho regencias (kabupaten), o áreas administrativas, de Bali, así como la capital, Denpasar

De los aproximadamente 270 millones de habitantes de Indonesia, el 1,5% (más de cuatro millones de personas) residían en la provincia de Bali en 2019. La provincia de Bali está constituida por cuatro islas: Bali, Nusa Penida, Nusa Lembongan y Nusa Ceningan, que cubren una superficie de casi seis mil kilómetros cuadrados (el 0,3 por ciento de la superficie de Indonesia). La capital de Bali, Denpasar, se encuentra al sur y alberga a más del 90% de la población provincial en su gran área metropolitana. Las tres islas menores se agrupan al sureste. La isla principal de Bali es lo que se conoce comúnmente como Bali en términos históricos y contemporáneos y ha sido el lugar de ascenso y caída de los acontecimientos del conjunto archipielágico provincial. Bali está dividida en ocho regencias administrativas (*kabupaten*), además de la ciudad (*kota*) de Denpasar. Las ocho regiones son Badung, Bangli, Buleleng, Gianyar, Jembrana, Karangasem, Klungkung y Tabanan. Klungkung incluye las tres pequeñas islas satélite de Bali. Cada una de estas regencias tiene su propio gobierno local y órgano legislativo. Estos *kabupaten* se desarrollaron durante el gobierno de Bali en el siglo XVII, cuando su monarquía única empezó a separarse en reinos distintos. Aunque históricamente hubo nueve reinos, las ocho regencias resultantes han mantenido en gran medida las fronteras que se pueden ver hoy en día.

Más del 80% de Bali practica hoy la religión hindú, mientras que el 12% es musulmán, el 5% cristiano y el 0,5% budista. Desde el punto de vista étnico, la mayoría de los habitantes de Bali son balineses autóctonos, y el resto de la población constituye otras etnias indonesias. Dado que gran parte de Bali es montañosa — esencialmente, es una continuación de la cadena montañosa central de Java—, la mayor parte de la población de Bali se concentra hacia el sur de la isla, en las tierras bajas. La combinación del clima, el norte montañoso y los suelos volcánicos han dado lugar a un patrimonio agrícola excepcionalmente rico, y los campos de arroz cubren las laderas que descienden hacia el sur y llegan al mar. Las laderas de Bali que descienden hacia el norte y dan al mar de Java son más empinadas y se utilizan para las plantaciones de café. A diferencia de las zonas menos pobladas de Indonesia, en las que la vegetación autóctona está formada principalmente por bosques de hoja perenne, la mayor parte de la vegetación de Java y Bali está dominada por plantas cultivadas. El resto de las zonas indígenas se caracterizan por sus bosques tropicales ondulados. La vegetación costera de Bali se compone principalmente de manglares, palmeras de manglar y bosques pantanosos en lugares donde no hay playas, viviendas u otro tipo de desarrollo. Las zonas montañosas de Bali están formadas por vegetación alpina y subalpina.

Cierta fauna y flora son endémicas o sagradas para los balineses, como el raro bambú trepador balinés y la flor sagrada del frangipani. El tigre balinés, que ahora se cree extinto, recorría los bosques occidentales. En Bali aún se encuentran leopardos y macacos, y la teca y los gigantescos plátanos se cuentan entre los codiciados tesoros arbóreos de Bali. Los ciervos y los cerdos salvajes vagan libremente por la isla. En Java, se pueden encontrar los pavos reales javaneses endémicos y el rinoceronte de Java de un solo cuerno, aunque los rinocerontes están en crítico peligro de extinción y se encuentran en su mayoría en reservas de fauna. El primate orangután, en peligro de extinción y protegido, es originario de Borneo y Sumatra. En general, Indonesia alberga cuarenta mil especies de plantas con flor (incluidas cinco mil especies de orquídeas). Al igual que la fauna de Indonesia, muchas de estas especies son únicas en la región y a veces endémicas de la(s) isla(s) específica(s) en la(s) que se encuentran. Indonesia alberga tres mil especies de árboles, que a menudo se utilizan con fines autóctonos o comerciales. Estos árboles incluyen el palo de hierro, el sándalo, el ratán leñoso y otros que producen frutos únicos, nueces y otros productos beneficiosos.

[4] El bosque de monos de Ubud, Bali. Monos macacos reales juegan sobre esculturas de piedra de monos en la selva natural. El santuario del Bosque de los Monos de Ubud es una de las principales atracciones turísticas y el hogar del mono balinés de cola larga. El santuario es una zona de extraordinaria belleza natural en la que el denso bosque está decorado con antiguos templos y esculturas de piedra que reflejan el entorno espiritual y natural del bosque

Bali es la isla más occidental de las islas Menores de la Sonda, situada a solo 3,2 kilómetros (2 millas) al este de Java, separada por el estrecho de Bali. Al este de Bali, Lombok se encuentra a veinte kilómetros (unas doce millas) a través del estrecho de Lombok. Bali se encuentra a unos ocho grados al sur del ecuador y experimenta un clima tropical con poca distinción entre las estaciones en términos de temperatura. La media es de unos 30 grados Celsius (86 grados Fahrenheit) con una alta humedad durante todo el año. La estación húmeda de los monzones, de octubre a abril, suele traer fuertes lluvias, sobre todo de diciembre a marzo. La isla principal tiene unos 150 kilómetros de ancho y 110 de largo de norte a sur, y en ella vive el 99% de la población de Bali. En los últimos cincuenta años, Bali se ha convertido en un destino turístico cada vez más popular y atrae a gente de todo el mundo por sus bosques y playas vírgenes, su fauna única, sus ricos arrecifes de coral como parte del Triángulo de Coral, su patrimonio cultural y su cosmopolita vida nocturna. La isla de Bali obtiene al menos el 80% de su economía de los negocios relacionados con el turismo y es el principal destino turístico de Indonesia. El modo de vida balinés es profundamente espiritual, estético y cultural, siendo el culto, la danza y otras formas de arte la parte más importante de la vida en la isla.

Capítulo 2 - Bali antes de la era común

Uno de los primeros ejemplares conocidos de *Homo erectus* (humanos erguidos, pero anteriores al hombre moderno) se encontró en Java, y data de hace entre un millón y 700.000 años. Del mismo modo, en Bali se han encontrado evidencias paleolíticas (que datan de entre 1.000.000 y 200.000 a. C.), lo que indica que también estuvo habitada por el hombre primitivo durante esta época. Se han encontrado herramientas antiguas, como hachas de mano, en los pueblos de Sembiran y Trunyan, en el norte y el noreste de la isla principal, respectivamente. En Bali existen más pruebas de *Homo erectus* del periodo mesolítico (200.000-30.000 a. C.). Estas pruebas posteriores sugieren la existencia de pueblos más avanzados que utilizaban herramientas más sofisticadas, como puntas de flecha y herramientas hechas con huesos de animales. Estos pueblos mesolíticos vivían en cuevas temporales como las encontradas en las colinas de Pecatu, en la regencia de Badung. El primer indicio del hombre moderno (*Homo sapiens*) comenzó en torno al 45.000 a. C., cuando los pueblos continentales emigraron al sur desde el continente y empezaron a sustituir al *Homo erectus*.

La presencia del hombre del Paleolítico y del Mesolítico en Java y Bali sugiere que las islas eran más accesibles durante ciertos periodos de la historia, como las edades de hielo, cuando el nivel del mar era más bajo y cuando existían puentes de tierra entre zonas que ahora son islas divididas por el mar. En el Neolítico (a partir del 10.000 a. C. aproximadamente), el nivel del mar había subido para dar lugar a la disposición de las islas que conocemos como Indonesia en la época actual. La humanidad también desarrolló las habilidades y tecnologías de navegación marítima (barcos) para desplazarse desde el continente a estas islas, así como entre ellas. Pero los primeros pueblos del Neolítico dependían sobre todo de la naturaleza para esta migración, concretamente de las corrientes oceánicas, las mareas y los vientos y, lo que es más importante para el Sudeste Asiático, de los monzones estacionales.

El concepto de monzón prevalece en todos los trópicos y se asocia comúnmente con el clima húmedo. Sin embargo, los monzones se refieren al viento, concretamente a un cambio estacional en la dirección de los vientos predominantes (más fuertes) de una región. Una temporada de monzones puede traer condiciones secas o húmedas en todo el trópico, dependiendo de la dirección desde la que sople el viento. Los monzones que viajan por el exterior, especialmente en mares cálidos, traerán consigo un tiempo húmedo. Los monzones que viajan por tierra traerán un tiempo más seco. Los monzones soplan de las regiones más frías a las más cálidas, y estos vientos determinan el clima de la mayor parte del sudeste asiático. Técnicamente, los vientos monzones de verano soplan desde el suroeste entre junio y septiembre, y los vientos monzones de invierno, o alisios, soplan desde el noreste entre octubre y marzo.

Sin embargo, este patrón general de vientos monzones se atribuye al hemisferio norte, y la mayor parte de Indonesia, y en concreto Bali, se encuentran dentro del hemisferio sur (pero solo ligeramente dentro del hemisferio sur). Los patrones meteorológicos locales, incluida la disposición específica de las islas más grandes cercanas a

Bali (como Sumatra), también afectan a su experiencia del tiempo monzónico y crean anomalías en la isla para que no experimente un patrón meteorológico monzónico tropical típico. Aunque la verdadera estación húmeda de Bali es el verano (de octubre a marzo), al estar tan cerca del ecuador, puede experimentar lluvias durante todo el año traídas por los vientos monzones alternados. Sir Stamford Raffles, estadista británico y gobernador de las Indias Orientales Holandesas a principios del siglo XIX, que escribió *La historia de Java* (publicada en 1817), señaló que todos los países del sudeste asiático situados a menos de diez grados del ecuador experimentaban "un eterno verano" que no se distingue por el calor y el frío, sino por el tiempo húmedo (caliente y lluvioso) y seco (caliente y húmedo). La humedad y las lluvias torrenciales de la temporada del monzón húmedo de Bali (de diciembre a marzo) son fundamentales para la agricultura. La estación húmeda de los monzones es esencial para gran parte del sudeste asiático, ya que muchos de estos países no disponen de amplios sistemas de riego naturales o artificiales ni de presas, ni cerca de sus tierras de cultivo ni en el subsuelo en forma de acuíferos profundos. Los monzones húmedos proporcionan el agua necesaria tanto para la ganadería como para los cultivos.

Históricamente, la exploración temprana se atribuye considerablemente a los patrones de los vientos monzones en el sudeste asiático. Sin embargo, los antiguos vientos monzónicos no seguían específicamente los calendarios modernos debido a la precesión axial de la Tierra. Tanto los primeros pueblos migratorios como los antiguos navegantes comerciales utilizaron los patrones de los vientos monzones para descubrir y explorar nuevas tierras. Los vientos monzónicos y sus corrientes asociadas fueron esenciales para ayudar a las culturas antiguas a navegar con sus pequeñas embarcaciones indígenas hacia tierras extranjeras, como el archipiélago indonesio, al que solo se podía acceder por mar. Recientes pruebas arqueológicas a lo largo de las costas del sudeste asiático, la India y Oriente Medio proporcionan pruebas convincentes de la existencia de una red de navegantes en la antigüedad, que se remonta a unos dos milenios antes de la Era Común, más o menos en la época en que se empezó a poblar Bali.

Los vientos monzónicos del sudeste asiático alteraron las corrientes superficiales de sus mares y océanos para permitir la navegación de embarcaciones más pequeñas a lo largo de las rutas comerciales marítimas. Como las antiguas embarcaciones de vela y remo eran más pequeñas y estaban impulsadas por velas o por personas, dependían sobre todo de la dirección de los vientos dominantes para fijar su rumbo. Gran parte del sudeste asiático comenzó a ser poblado en algún momento entre el 6.500 a. C. y el 4.500 a. C. (el periodo neolítico) por los pueblos austronesios. Los austronesios son un pueblo emparentado étnica y lingüísticamente que procede de Asia continental. Existe una teoría histórica popular que sugiere que los austronesios emigraron a través de Taiwán para poblar el sudeste asiático marítimo, pero otra sugiere que los patrones de migración austronesios se originaron en Indonesia/Wallacea (de la que forma parte Bali). Independientemente de las diversas teorías sobre los patrones migratorios iniciales de este grupo étnico, lo más probable es que los orígenes continentales de los austronesios fueran el sur de China y el norte del sureste asiático. La preexistencia de tribus arcaicas asentadas en todo el sur de Asia continental hizo que la expansión natural de la población se desplazara hacia el sur y hacia el sudeste asiático marítimo, Oceanía y los océanos Índico y Pacífico.

Las pruebas arqueológicas, como la lingüística, el ADN humano y animal, la tecnología de los viajes oceánicos y la cerámica, han servido para relacionar a unos 350 millones de personas que viven actualmente en Madagascar, el Sudeste Asiático (y, en parte, dentro de Asia continental), Oceanía (incluyendo zonas de Australia continental) y las islas del Pacífico con una fuente genética común. Conocidos como los pueblos austronesios, se cree que se desplazaron desde el sur de China continental y a través de Taiwán o Indonesia (o ambos) en una expansión hacia el exterior durante miles de años. Aunque las pruebas apuntan a diferentes posibilidades de expansión de los pueblos austronesios, tienen puntos en común que indican el intercambio hereditario de conocimientos y recursos. Algunos de estos conocimientos autóctonos incluían tecnologías de viaje por el océano, como las canoas de navegación marítima, métodos de cultivo como las terrazas de arroz de regadío, animales domesticados como cerdos salvajes y pollos, y plantas cultivadas como el taro, el plátano, el fruto del pan y la caña de azúcar. Dado que el alimento básico de los austronesios era el arroz, se les asocia comúnmente con los complejos sistemas de riego que aún hoy son evidentes en gran parte del sudeste asiático. Estos arrozales en cascada se conocen en Bali como el sistema subak.

La familia actual de lenguas habladas en gran parte del archipiélago indonesio forma parte de las 1.200 lenguas austronesias contemporáneas. El grupo de lenguas austronesias cubre una vasta zona geográfica marítima e incluye alrededor del 20% de las lenguas del mundo. Lo más probable es que la expansión austronesia fuera el resultado de un aumento de la población que dependía de nuevas tierras para el cultivo, lo que se habría visto agravado por la escasez de recursos de las islas pequeñas y la necesidad de seguir expandiéndose. También es probable que muchas de las nuevas tierras descubiertas por los pueblos austronesios estuvieran deshabitadas o escasamente habitadas, lo que permitió el desarrollo de nuevos asentamientos independientes o, en algunos casos, la polinización cruzada de etnias.

Se cree que los pueblos austronesios empezaron a habitar Bali y sus islas circundantes aproximadamente en el segundo milenio antes de Cristo. Las herramientas descubiertas en Bali incluyen azuelas rectangulares (hachas de trabajo) y herramientas agrícolas, así como cerámica decorada con láminas rojas. Los primeros pobladores austronesios desbrozaron la selva para construir sus aldeas y fabricaron artesanías trenzadas y barcos. Comían cerdo y mascaban betel, una liana picante con valor cultural. Como muchos de los primeros habitantes de Bali, los austronesios se asentaron sobre todo en las regiones montañosas de la isla. Enterraban a algunos de sus muertos (posiblemente de alto nivel social) en inusuales y característicos sarcófagos ovalados de piedra. Los sarcófagos estaban decorados con ilustraciones de cabezas humanas o figuras zoomorfas, y como los sarcófagos eran pequeños y con forma de vaina, a veces había que doblar los cuerpos en tres para que cupieran en los ataúdes. Estos ataúdes se utilizaron hasta la Edad de Bronce (hasta el primer milenio a. C.).

Existen pruebas de que la metalurgia del bronce y el hierro en las islas del sudeste asiático se produjo en torno al año 500 a. C., lo que se cree que fue algo más que el simple comercio con otras regiones. Los tambores Dong Son también se comercializaban en esta época desde Vietnam a la isla de Sunda y sus alrededores. En Bali y Java se ha desenterrado cerámica india que data de alrededor del año 200 a. C. hasta el 200 d. C., lo que demuestra que Bali formaba parte de las antiguas rutas comerciales con la gran Asia. Es probable que hacia el año 500 de la era cristiana, el sudeste asiático fuera escenario de un prolífico comercio inter e intrarregional, pero también es probable que una de las principales fuentes de este florecimiento, Taiwán, se alejara cada vez más de la vida nusantara. El aumento del nivel del mar desde el final de la última glaciación significó que las travesías marítimas que podían ser manejables en los milenios que iniciaron la expansión austronesia se fueron ampliando y posiblemente eran climáticamente más peligrosas de navegar.

Se cree que los exploradores austronesios utilizaron canoas con balancín y proas para navegar hacia nuevas tierras. Por desgracia, estas conclusiones se basan principalmente en las embarcaciones indígenas utilizadas por los pueblos austronesios actuales, así como en los informes de los primeros exploradores europeos. Se supone que la mayor parte de las pruebas de las primeras embarcaciones de vela han sido destruidas por las condiciones climáticas de los trópicos y los efectos erosivos y destructivos del océano. También es posible que los primeros colonos destruyeran las embarcaciones indígenas para mantener a los nativos cautivos en las islas y, por tanto, más bajo su control.

Las embarcaciones de balancín son aquellas en las que el casco se apoya en una fuerza estabilizadora lateral, como un segundo flotador, y una proa (o un prau) es un tipo de velero de balancín con varios cascos (normalmente dobles). Estas invenciones de las embarcaciones, así como otras, fueron las tecnologías más importantes de los pueblos austronesios y fueron las que les permitieron recorrer importantes distancias de los océanos y colonizar vastas extensiones del sudeste asiático y del Pacífico.

[5] Un ejemplo de proa "voladora" (muy rápida) con una vela de pinza de cangrejo. Estas embarcaciones de vela con varios cascos de los pueblos austronesios pueden haber sido utilizadas para explorar nuevas tierras. Los pueblos austronesios siguen utilizando embarcaciones similares en la actualidad

En Cekik, en el extremo occidental de Bali (la actual Gilimanuk), se han descubierto herramientas de piedra que datan de entre 2500 y 2000 a. C. aproximadamente. También en Cekik, así como en el interior, en Sembiran, se han descubierto indicios de un pueblo de la Edad de Bronce que data del siglo III a. C. Las pruebas de estos yacimientos revelan comunidades de pescadores, cazadores y agricultores. Es evidente que estos primeros pueblos de Bali tenían conocimientos de metalurgia y adquirieron la habilidad de fundir cobre, bronce y hierro. Se cree que estos pueblos de la Edad del Bronce eran originarios de Indochina, concretamente de la zona de Dong Son, en Vietnam, y que trajeron consigo los metales y las habilidades metalúrgicas. La cultura de la Edad del Bronce de Dong Son recibió el nombre de un pueblo del norte de Vietnam (el valle del río Rojo) y existió desde aproximadamente un milenio antes de la Era Común hasta aproximadamente el siglo I de la Era Común.

Se cree que los propios Dong Son emigraron desde el sur de China hasta el norte de Vietnam, trayendo consigo sus técnicas agrícolas (concretamente el cultivo del arroz) y metalúrgicas. Aunque los Dong Son también eran hábiles en el trabajo del hierro y llevaban consigo artefactos culturales chinos tradicionales, son más conocidos por sus tambores de bronce de gran calidad. Los monumentos religiosos de piedra de los Dong Son eran también una marca de su cultura y son similares a los encontrados en la Polinesia. Como todos los pueblos austronesios, los Dong Son eran grandes navegantes que viajaban y comerciaban por todo el sudeste asiático y cuyo pueblo eligió naturalmente asentarse en ciertas partes de los distintos archipiélagos. Existen pruebas de que los balineses adquirieron las técnicas metalúrgicas de los Dong Son entre los siglos VIII y III a. C. Aunque las materias primas para fabricar el bronce (cobre y estaño) debían importarse, parece que los balineses habían adquirido las habilidades para moldear y decorar herramientas, armas, joyas y tambores.

El desarrollo del tambor indonesio Pejeng fue una adaptación de principios del siglo I y II d. C. del tambor de caldera de Dong Son. Son uno de los mejores ejemplos de la región en lo que respecta a la metalurgia localizada. Los tambores Pejeng deben su nombre a la aldea de la Edad de Bronce de Pejeng, en Bali. Estos tambores se diferenciaban de los tradicionales Dong Son en que eran más largos y se fundían en dos piezas con moldes de cera. Estos tambores se produjeron ampliamente en las islas de Java y Bali durante el primer milenio de la era cristiana.

La variante balinesa, concretamente, es uno de los artefactos más sofisticados de la prehistoria de Indonesia. El mejor ejemplo del tambor de Pejeng es la Luna de Pejeng, el mayor ejemplo de su tipo en el mundo y que actualmente se exhibe en el templo de Pura Penataran Sasih en Pejeng, cerca de Ubud (suroeste de Gianyar). La Luna de Pejeng es considerada altamente sagrada por la población local y se cree que fue una importante reliquia de los primeros rituales de cultivo de arroz. El pueblo de Pejeng se encuentra en el valle del río Petauan, que, junto con su vecino el valle del río Pakerisan, forma el epicentro de la región del sur de Bali de los primeros cultivos de arroz. Estos complejos campos de arroz de regadío son los orígenes heredados más importantes de los primeros pueblos balineses.

Se cree que el tambor lunar de Pejeng, de seis pies de largo (187 centímetros), fue tallado unos trescientos años antes de la Era Común. Las leyendas balinesas cuentan que el tambor era originalmente una de las ruedas de un carro que tiraba de la luna real a través del cielo nocturno. Una noche, la rueda se desprendió del carro y cayó a la tierra en un árbol de Pejeng. La rueda brillaba tanto como la luna y fue apagada y enfriada por un ladrón que pasaba por allí y que se subió al árbol y orinó sobre ella. El ladrón pagó este sacrilegio con su vida, pero el tambor fue conservado como reliquia sagrada por los aldeanos.

[6] Arriba: sarcófago de piedra del Neolítico (6.500-4.500 a. C.), Museo de Bali.

[7] Arriba: Un tambor de caldera de Pejeng que data del siglo I-II a. C.

Los descubrimientos arqueológicos en Bali sugieren que el asentamiento humano antes de la Era Común se produjo por etapas, pero que estas migraciones fueron limitadas e independientes entre sí. El sudeste asiático es conocido por ser un crisol de culturas, en concreto Indonesia, que cuenta con una mezcla de unos 250 grupos étnicos. Bali es similar en cuanto a la diversidad de sus orígenes étnicos. Las etnias contemporáneas de Bali son una mezcla genética única de chinos, malayos, polinesios, melanesios (pueblos del Pacífico), indios y javaneses. Sin embargo, fue la llegada de mercaderes hindúes a partir del siglo I de nuestra era la que tuvo un impacto más significativo en la expansión de la población de la antigua Bali.

Capítulo 3 - El periodo histórico

Gran parte de los movimientos antiguos e históricos de los pueblos a lo largo del tiempo han surgido de intereses comunes relacionados con el comercio. Los pueblos austronesios fueron de los primeros en crear una red de comercio marítimo a través del Indo-Pacífico. Comerciaban con artesanía marítima, paan (un producto final de la hoja de betel, como el tabaco de mascar), y cultivos cruciales para la agricultura, como los cocos, los plátanos y la caña de azúcar. Este tipo de redes comerciales conectaban culturas materiales dominantes como la India y China. A medida que aumentaba el comercio de los primeros austronesios, las especias se convirtieron en las principales importaciones que circulaban de este a oeste, superando a otras mercancías y productos. Estos primeros precursores del comercio mundial de especias acabaron convirtiéndose en la Ruta Marítima de la Seda, la red comercial multicultural que conectó África, Europa, China, el Sudeste Asiático, el subcontinente indio y la península arábiga desde el siglo II a. C. hasta el siglo XV d. C.

La conexión de la India con el sudeste asiático era muy importante para los comerciantes de Arabia y Persia (Irán) en los siglos VII y VIII. Sin embargo, en el siglo XI de nuestra era, el extenso imperio selyúcida musulmán bloqueó la ruta de las mercancías hacia el oeste e instigó las Cruzadas medievales. El Imperio selyúcida era una vasta hegemonía medieval que se extendía desde el Levante en el oeste hasta el Hindu Kush en el este, y que limitaba con el golfo Pérsico en el sur e incluía la mayor parte de Asia central. Del mismo modo, el Imperio otomano afectó negativamente al comercio de especias a mediados del siglo XIV, lo que desencadenó la era de los descubrimientos marítimos y la colonización europea, ya que los viajes salían de Europa y recorrían los continentes en busca de mercancías. Las especias producidas en los países del Cercano y Lejano Oriente, como la canela, el clavo, la cúrcuma, la cassia, el cardamomo, el jengibre y la pimienta, eran muy demandadas por las naciones de la antigua ruta de las especias. Las "islas de las especias" de Indonesia (las islas Maluku o Molucas y las islas Banda) fueron mantenidas en secreto por los comerciantes, y desarrollaron historias fantásticas sobre el origen de las especias para proteger estas mercancías.

El periodo histórico de Bali se extiende desde el inicio de la Era Común hasta el Imperio mayapahit en 1343, aunque su mayor actividad se produjo aproximadamente a partir del séptimo milenio de la Era Común. Las mayores influencias en esa época procedían de la afluencia de personas de la India, Java y China. Los pueblos austronesios y Dong Son constituyeron los primeros pobladores de Bali. El siguiente grupo importante fue el de unas cuatrocientas personas que se trasladaron desde el este de Java, más concretamente desde el pueblo de Aga, hacia el siglo VIII de nuestra era. Se asentaron en la remota zona montañosa que rodea al volcán llamado Gunung Agung ("Gran Montaña"), creyendo que las zonas montañosas les acercaban a los dioses. Estas comunidades Aga prosperaron y siguen siendo un importante grupo de población balinesa en la actualidad. Sin embargo, el estricto código cultural de los Bali Aga hace que, hasta el presente, sus comunidades permanezcan separadas y aisladas de gran parte de la vida balinesa, especialmente de la que conocen los turistas actuales.

Algunos aspectos de la vida de los agas, como la vestimenta y la arquitectura, se han mantenido a lo largo de los siglos. Por ejemplo, el antiguo y tradicional tejido geringsing, exclusivo de la aldea Bali Aga de Tenganan Pegringsingan, se elabora mediante una antigua técnica de teñido de colores o el método del doble ikat (una forma de teñido de corbata). Las telas de geringsing son negras, rojas (óxido) y neutras, y son consideradas sagradas por los Bali Aga, sobre todo cuando se trata de curar. "Gering" significa enfermedad, y "sing" significa no. A menudo se atribuyen a los geringsing poderes sobrenaturales y están estampados con motivos hindúes u otros patrones culturales inspiradores, como la flor de frangipani (*jepun*). Los geringsing se utilizan mucho en las ceremonias culturales y religiosas de la vida de los pueblos de Tenganan Pregingsingan. Existen referencias al geringsing en la antigua literatura javanesa y en la poesía budista. El poema de 1365 *Nagarakretagama (Nagarakrtagama, Desawarnana* o *Desavarnana*), escrito por el sabio budista Mpu Prapanca, describe las cortinas del infame gobernante javanés de Mayapahit Hayam Wuruk como hechas de geringsing.

[8] Mujeres de Tenganan (Bali Aga) vistiendo la tela con motivos de geringsing

La influencia más penetrante y duradera de la afluencia de población a la antigua Bali fue la de los pacíficos comerciantes indios que empezaron a llegar a la isla en el siglo I de nuestra era. Se cree que los comerciantes procedían del sur de la India y de Sri Lanka, y que se trasladaron simultáneamente a Indochina y al sur de China. Lo más probable es que estos mercaderes espiritualistas indios se establecieran en gran medida en Java —la isla vecina más cercana, grande y con más recursos— antes de trasladarse a Bali. Desde entonces, las historias de Java y Bali han estado inextricablemente unidas.

Los comerciantes indios introdujeron en Bali tanto el hinduismo como el budismo. El hinduismo era un modo de vida antiguo que se practicaba en el subcontinente indio desde antes del segundo milenio antes de Cristo. El budismo, fundado a finales del siglo VI a. C., se estaba afianzando como religión mundial en aquella época, extendiéndose por toda Asia y el sudeste asiático a lo largo de las rutas comerciales. A Bali llegó el budismo mahayana, que es una de las dos ramas principales del budismo antiguo. Esta rama es la menos tradicionalista del budismo (a diferencia del budismo theravada) y es la forma más practicada de la religión en la actualidad.

Los primeros registros escritos descubiertos en Bali fueron inscripciones budistas en tablillas de arcilla, que se descubrieron dentro de estupas budistas de piedra, o contenedores ceremoniales, conocidos como estupika. Estos escritos votivos, que datan del siglo VIII de nuestra era, se encontraron en pueblos de la regencia de Gianyar. Junto con las estupikas, que indican la presencia del budismo en Bali, se descubrió el pilar Blanjong (*Prasasti Blanjong* o pilar Belanjong) en la zona sur de Sanur y está fechado exactamente en el año 914 de la era cristiana. El pilar bajo de piedra tiene inscripciones en la antigua lengua balinesa y en sánscrito indio, y menciona al rey Sri Kesari de Bali, que encargó el pilar. Se han descubierto otras tres inscripciones que mencionan al rey Kesari en el centro de Bali, lo que indica que hubo alguna lucha regional que le obligó a imponer su territorio. El rey Kesari es el primer rey balinés conocido que utiliza el título Warmadewa (Varmadeva). Las pruebas de este título para el siglo siguiente sugieren que los reyes estaban vinculados en un sentido monárquico, pero no existen pruebas suficientes para confirmar si Warmadewa se refiere a una dinastía biológica o no. La aparición más reciente y definitiva del título Warmadewa se encuentra en una inscripción atribuida al conocido rey Udayana Warmadewa, fechada en el año 1011 de la era cristiana. La reivindicación histórica más importante del rey Udayana es la de ser el padre del célebre rey Airlangga, que gobernó Java entre 1020 y 1040. El título de Warmadewa no se volvió a ver, y se cree que desapareció a medida que la expansión y el dominio javanés se extendieron y superaron a Bali.

Se cree que el nombre "Bali" se originó en torno al siglo VII de nuestra era, aunque las pruebas escritas de su nombre son algo posteriores. *Bali dwipa* ("isla de Bali") se descubrió en varias inscripciones, entre ellas la del pilar Blanjong. Se cree que el nombre "Bali" deriva de la palabra bebali, que significa "ofrendas", y se extendió por el este de Java a través del espiritualismo hindú y el concepto de hacer donaciones al mundo de los espíritus, como flores, comida, telas y adornos. Las ofrendas son una parte fundamental de la espiritualidad balinesa hasta el día de hoy, y la cantidad de templos y lugares sagrados de la isla están continuamente adornados con regalos a los espíritus y dioses.

Una concentración de hallazgos arqueológicos en la regencia balinesa de Gianyar sugiere que esta región pudo ser una capital política, religiosa y cultural durante los siglos X y XI de la Era Común. Al mismo tiempo, el hinduismo shaivita (shivaíta) se estaba imponiendo en Bali. El shaivismo es una de las principales tradiciones hindúes, en la que se adora a Shiva como ser supremo. Es una de las mayores sectas del hinduismo y se cree que es la religión viva más antigua del mundo. La Cueva del Elefante (Goa Gajah), del siglo XI, tallada en piedra, cerca de Ubud, y el lugar de baño adyacente son testimonio de la adhesión de los reyes Warmadewa al budismo y al hinduismo shaivita, ya que el complejo del templo contiene pruebas de ambas religiones en sus tallas de piedra. En la entrada de la cueva se ha tallado una figura amenazante que conduce a una pequeña cámara, que se supone que es para la meditación. Cerca, una piscina de baño fue tallada en piedra y bordeada por siete mujeres de piedra que vierten agua de cántaros en la piscina.

El rey Udayana Warmadewa gobernó Bali en la segunda mitad del siglo X. Al mismo tiempo, el reino Medang de Java florecía. El reino Medang, también conocido como Mataram, era una sofisticada monarquía hindú-budista gobernada por la dinastía indianizada Shailendra (Sailendra, Syailendra o Selendra). En sánscrito, Shailendra significa "rey de la montaña", y la aparición de la dinastía en el siglo VII d. C. en el centro de Java inició un renacimiento cultural para la isla vecina más cercana e influyente de Bali. Durante sus aproximadamente 300 años de gobierno (desde mediados del siglo VII hasta principios del XI), los gobernantes de la dinastía Shailendra llenaron Java de monumentos religiosos, en su mayoría budistas mahayana. Los Shailendra eran una talasocracia (un gobierno marítimo), y la mayor parte de su atención se centró en las relaciones intra e intercomerciales del sudeste asiático. Es posible que los Shailendra fueran algo más que los gobernantes de la dinastía Medang y que también fueran una parte importante del reino Srivijaya de Sumatra.

Se cree que el rey Sri Kesari, que dejó la inscripción en el pilar de Belanjong, era descendiente de Shailendra y posiblemente emigró a Bali desde Java con el propósito expreso de establecer un gobierno budista mahayana en Bali. El título Warmadewa podría significar una conexión con la dinastía Shailendra. El reino Medang de Java floreció aproximadamente entre los siglos VIII y XI, y llegó a dominar el este de Java, acercándose cada vez más como potencia influyente sobre Bali. Esta refinada civilización se centró en gran medida en el cultivo del arroz y, posteriormente, en el comercio marítimo. Era rica en espiritualidad, arte y cultura, y el importante crecimiento demográfico y la prosperidad económica hicieron que el reino Medang se extendiera para influir en Sumatra, Bali, el sur de Tailandia y otras zonas de Indochina, así como en partes de Filipinas con el tiempo.

Eventualmente, el reino Medang se dividió en dos facciones beligerantes, que apoyaban alternativamente el budismo o el shaivismo hindú. Las dinastías que encabezaban estas facciones eran la dinastía shivaísta de Java y la dinastía budista del reino Srivijaya de Sumatra. En 1006 d. C., el clan Shailendra del reino Srivijaya triunfó cuando uno de sus vasallos —el rey Wurawari de Lwaram— conquistó la capital shivaísta de Watugaluh, en el este de Java. Aunque la dinastía Srivijaya se alzó como el imperio hegemónico de la región, durando hasta el siglo XIV, la dinastía shivaísta continuó y había recuperado el este de Java en 1019.

El rey Udayana Warmadewa de Bali se casó con una mujer de Java oriental, la reina Mahendradatta de la dinastía Isyana. La dinastía Isyana era la rama javanesa oriental del reino de Medang y era la continuación de la dinastía Sanjaya de la misma región geográfica. El primer gobernante de los Isyana (o el último gobernante de los Sanjayas), Mpu Sindok, había iniciado el establecimiento del gobierno en el este de Java en el año 929 de la era cristiana. Los registros históricos son confusos, pero la dinastía hindú Sanjaya, que se estableció en el centro de Bali, pudo ser un reino independiente o formar parte de los Shailendra. En cualquier caso, dieron paso a los Isyana, y su sede de poder se trasladó al este de Java por razones que no están claras.

La dinastía Sanjaya fue fundada aproximadamente en el año 732 de la era cristiana por el rey Sanjaya, uno de los gobernantes de Medang. Cinco reyes más siguieron a Sanjaya hasta la migración hacia el este de la corte real y el establecimiento de la dinastía Isyana de Sindok. Los registros históricos contradictorios sugieren que los Sanjayas y los Shailendras estaban entrelazados y posiblemente emparentados, pero también estaban enfrentados entre sí, compitiendo por el dominio de la religión y la economía en toda Java y más allá. Algunos historiadores niegan por completo la existencia de los Sanjayas y afirman que no eran más que otra rama de los Shailendras. Irónicamente, la legendaria rivalidad entre la dinastía budista de los Shailendra y la hindú de los Sanjayas se supone que dio lugar a la creación de dos de los templos más famosos y bellos de Java: el templo hindú de Prambanan y el budista de Borobudur.

El matrimonio del rey Udayana y la reina Mahendradatta es la prueba de un vínculo histórico entre las islas de Java y Bali. La reina Mahendradatta era hermana del último rey del reino de Medang, Dharmawangsa (r. 990-1016 d. C.). Estos hermanos de la realeza reclamaban un linaje directo de Mpu Sindok como parte de la dinastía Isyana. Dado que se supone que Dharmawangsa conquistó Bali en algún momento de su reinado, es probable que el matrimonio de su hermana con el rey Udayana fuera una especie de acuerdo estratégico, aunque no muy claro. Los hijos de esta unión llegaron a gobernar tanto Java oriental como Bali. Marakata Pangkaja y, posteriormente, Anak Wungcu (Wungsu) ascendieron al trono balinés.

El hijo mayor del rey Udayana y la reina Mahendradatta, Airlangga (o Erlangga), pasó a establecer el reino Kahuripan de Java que surgió tras la destrucción de Java oriental por Wurawari. Airlangga fue el único monarca que gobernó durante la breve era Kahuripan de Java. Nació en Bali, pero cruzó para gobernar Java (su nombre significa "agua que salta"), y era descendiente de los linajes Isyana y Warmadewa. Algunos registros apócrifos sugieren que Airlangga nació en Java de un padre diferente al del rey Udayana. Es posible que tanto Airlangga como su madre, Mahendradatta, cruzaran primero a Bali para casarse con el rey Udayana. Es posible que Airlangga no fuera hijo de un rey balinés, y el hecho de que no fuera el primero en la línea de sucesión al trono balinés podría corroborar su ilegitimidad para la casa real balinesa. Además, Airlangga fue enviado de vuelta con su tío, el rey Dharmawangsa, en su adolescencia para ser educado en la corte real de Java oriental. Fue desposado con su prima, una hija de su tío Dharmawangsa.

Durante este periodo, Bali pudo estar bajo el dominio directo del reino de Medang, que seguía en guerra con los Srivijayas de Java central y Sumatra. La invasión de la capital javanesa oriental en 1006 por parte de Wurawari incluye una leyenda local según la cual se produjo el día de la boda de Airlangga, que fue el único que quedó vivo, con dieciséis años, después de que toda su familia fuera masacrada. Después de vivir como ermitaño en la selva occidental, en 1019, Airlangga había acumulado aliados leales, hizo la paz con Srivijaya y estableció su nuevo reino de Java oriental, Kahuripan. Aunque Kahuripan prosperó bajo el mandato de Airlangga, que era justo y equitativo, hubo complicaciones con la sucesión lo cual supuso la desintegración de su reino por el que tanto había luchado.

Los dos hermanos (o medio hermanos) de Airlangga que llegaron a gobernar Bali, Marakata Pangkaja y Anak Wungcu, se mencionan en las inscripciones históricas balinesas, y evidentemente eran líderes justos y caritativos. Las inscripciones balinesas de la época se hacían en tambores de cobre (*tongtong* o *kulkul*). En el siglo XII, los descendientes de Airlangga, Jayasakti (r. 1146-1151) y Jayapangus (r. 1178-1181), pasaron a gobernar Bali. Se han hecho descubrimientos arqueológicos de las inscripciones en placa de cobre de *Prasasti Desa Depaa* de Jayasakti, así como de las inscripciones en placa de cobre del rey Jayapangus relativas al gobierno y los impuestos, que estaban escritas en la antigua escritura balinesa.

La conexión de Bali con China siguió siendo fuerte durante todo el periodo histórico javanés. Las monedas chinas, o Kepeng, se utilizaban en la isla desde el siglo VII de nuestra era. El rey Jayapangus (también conocido como Dalem Balingkang) se casó con una princesa china, Tjin We, y la pareja real ha sido inmortalizada a través del arte Barong Landung. El Barong tradicional balinés está estrechamente relacionado con las criaturas mitológicas chinas. El Barong es una criatura parecida a un león y, como rey del mundo de los espíritus, es anunciado como el vencedor final en la interminable batalla del bien contra el mal en la mitología balinesa. El Barong Landung es un acontecimiento cultural y una tradición oral que celebra la larga asociación balinesa-china. Es una procesión de gente, música y efigies que cuenta una historia legendaria del rey y su reina china. Además, los nombres de varios pueblos balineses tienen como raíz palabras chinas.

Las leyendas, concretamente la Barong Landung, sugieren que el matrimonio de Jayapangus no tuvo hijos, por lo que en algún momento de la historia, el linaje Warmadewa se extinguió. Es posible que una serie de reyes indígenas gobernaran la isla en un periodo intermedio, que duró más de cien años antes del ascenso de Mayapahit. La conexión formal de Bali con Java permaneció latente, pero su autonomía se rompió en 1284 por el rey Kertanegara del Imperio Singhasari. El Imperio Singhasari era un bastión javanés oriental del siglo XIII y uno de los reinos hindúes-budistas indios del antiguo sudeste asiático. Las fuentes históricas javanesas cuentan que el rey Kertanegara invadió y venció a Bali, capturando a la reina y obligándola a comparecer ante la corte javanesa. En ese momento, Bali pasó a formar parte del Imperio Singhasari. La paz precedente de varios siglos dio paso al breve gobierno de Kertanegara, que duró ocho años. Tras ser asesinado durante una rebelión, su imperio cayó. Bali disfrutó de otro periodo provisional de independencia. Sin embargo, la anexión de Bali por parte de Java se renovó, esta vez con más vigor que en las generaciones anteriores. El hijo del rey Kertanegara, el célebre Vijaya (Raden Wijaya), subió al trono y fundó el Imperio mayapahit en 1293, que tendría una influencia larga y duradera sobre Bali.

Capítulo 4 - El Imperio mayapahit

El Imperio mayapahit (también conocido como Imperio Wilwatikta) fue un reino indianizado con sede en el centro y el este de Java que duró aproximadamente desde finales del siglo XIII hasta el siglo XVI. Su declive coincidió con el auge del islam en Nusantara, concretamente cayó ante el sultanato islámico de Demak del norte de Java en 1527. Los orígenes de Mayapahit no están claros, aunque se menciona en antiguos registros históricos javaneses y chinos, especialmente en los registros religiosos javaneses, como los poemas religiosos de las escrituras. Mayapahit fue considerada una superpotencia regional de su tiempo. El anterior Imperio Singhasari había dado paso al Imperio mayapahit, aunque la misma familia gobernante —la dinastía Rajasa— continuó gobernando durante la duración de ambos imperios. El Imperio mayapahit era una talasocracia que posteriormente desarrolló una sociedad cultural y artística muy organizada que también era económicamente productiva, concretamente en lo que respecta al cultivo del arroz. Fue considerado el último de los grandes reinos hindúes del archipiélago malayo antes de la injerencia colonial, y sigue siendo anunciado como uno de los mayores estados de Indonesia, que continúa influyendo en el gobierno político y la identidad de Indonesia en la actualidad.

La edad de oro de Mayapahit estuvo marcada por el gobierno de Hayam Wuruk, que reinó entre 1350 y 1389. Durante esta época, el Imperio mayapahit dominó grandes extensiones de Indonesia, incluyendo Java, Bali, el sur de la península de Malaca, Borneo y Kalimantan, Sumatra y Filipinas. El escudo de armas de los Mayapahit era el Surya Majapahit, o el Sol de los Mayapahit, un emblema que se asemeja a un sol o una brújula y que se ha encontrado en muchas de las ruinas de los mayapahit. A las pocas generaciones del Imperio mayapahit, Hayam Wuruk, nieto del fundador de Mayapahit, Vijaya, ascendió legítimamente al trono a la edad de dieciséis años. Hayam Wuruk también era conocido como Rajasanagara. Durante el gobierno de Hayam Wuruk, el Imperio mayapahit rivalizó con algunos de los últimos imperios marítimos del archipiélago malayo para emerger como la talasocracia dominante al mando de gran parte del sudeste asiático marítimo occidental y central.

En su casa de Java oriental, la sociedad mayapahit era refinada, rica y culta. La corte hindú había desarrollado un sofisticado sistema de rituales religiosos que se entrelazaban con la vida cotidiana y las costumbres. Las divisiones entre los medios de vida, la religión, el arte, la literatura, la espiritualidad y la comunidad se desdibujaron de forma significativa para dar lugar a una mezcla única de moral, creencias y comportamientos, que creó la base de la vida balinesa tal y como existe en la actualidad. El nivel de influencia del Imperio mayapahit sobre sus dominios es objeto de debate histórico. Algunos historiadores proponen más bien un monopolio real sobre el comercio y múltiples estados vasallos que cualquier forma de injerencia o gobierno en los archipiélagos. Dado que el imperio también entabló relaciones con países periféricos, como China e Indochina (el sudeste asiático continental), lo más probable es que ejerciera el mayor control sobre las islas más cercanas a Java y su capital en el este de Java, Wilwatikta (la actual Trowulan), y el menor control cuanto más lejos se extendiera su imperio.

Al mismo tiempo que se fundaba el Imperio mayapahit, los comerciantes y proselitistas musulmanes comenzaron a entrar en las regiones archipielágicas de las que formaba parte Bali, y finalmente se formaron sultanatos. Tras la muerte de Hayam Wuruk en 1389, el Imperio mayapahit sufrió disputas por la sucesión durante los siguientes 130 años, hasta 1519. La desintegración de la dinastía no pudo resistir el creciente poder del sultanato islámico de Malaca. Tras una serie de batallas con el sultanato javanés de Demak (parte de la Malaca musulmana centrada en la península de Malaca), el Imperio mayapahit fue finalmente derrotado en 1527. Demak había sido uno de los primeros sultanatos musulmanes que se formaron con el recién islamizado archipiélago malayo en la década de 1400. Muchos nobles y cortesanos de Mayapahit se trasladaron al sur de la capital de Mayapahit (la actual Trowulan en Java) a Kediri, también en Java. Poco después de la caída de Mayapahit, toda Java pasó a estar bajo el control del sultanato islámico centrado en el norte de Java, en Demak. Muchos religiosos y espirituales (tanto hindúes como budistas), artesanos, miembros de la realeza y de la corte, y otros literatos, intelectuales y artistas se trasladaron hacia el este, a Bali, antes que someterse a un poder religioso y cultural extranjero. De este modo, aunque el gobierno formal de la era Mayapahit en Bali puede haber durado más de doscientos años, el imperio vencido continuó influyendo significativamente en Bali hasta mediados del siglo XIX (y más allá) con la llegada del periodo histórico moderno de la isla y la pronunciada intervención holandesa.

En Bali todavía existen abundantes pruebas de la cultura traída de Mayapahit. Las entradas con puertas divididas (*candi bentar*), que tanto recuerdan a las de Java oriental, adornan la mayoría de los templos balineses de esta época. Los arquitectos mayapahit dominaban el uso de la piedra y, sobre todo, del ladrillo para sus templos (*puras*) y santuarios (*candis*). (Los candis de ladrillo rojo de los mayapahit pueden visitarse hoy en día en Bali). Los mayapahit, al igual que los balineses en épocas posteriores, veneraban la muerte de sus seres queridos y de grandes personajes, y celebraban la ocasión con gran pompa y ceremonia, que a menudo se prolongaba décadas después del suceso. Para los funerales y las ceremonias religiosas de todo tipo, los habitantes del Imperio mayapahit empleaban el trabajo de los artesanos para crear espléndidas carrozas, decoraciones y música. Las ceremonias religiosas adoptaban una atmósfera de carnaval, que incluía obras de teatro y narraciones, y se esforzaban al máximo para crear hermosas ofrendas a los dioses y a los reinos espirituales. Muchos estados javaneses, e incluso musulmanes, del sudeste asiático occidental afirmaron posteriormente estar relacionados o, al menos, vinculados al poderoso Imperio mayapahit de los siglos XIV y XV. Sin embargo, es Bali quien puede reclamar algo más que un reconocimiento histórico de la soberanía de los mayapahit, ya que su pueblo es, de hecho, el verdadero heredero del reino histórico.

9] Candis (santuarios) en el templo de Jagatnatha (Pura Jagatnatha), Jembrana, Bali. El hueco entre las alas del rey dragón (Naga Raja) es un ejemplo del estilo arquitectónico de la puerta dividida (candi bentar), que conduce al propio templo

Junto con el patrimonio arquitectónico y religioso traído de Java oriental, la escritura kawi (precursora ancestral de la lengua escrita javanesa y balinesa común en el sudeste asiático de la época), la pintura, la escultura y el teatro de marionetas Wayang (Wayang Kulit o Wajang) también reivindican sus orígenes en Mayapahit. Los espectáculos de marionetas Wayang son una pieza única y fascinante de la cultura local y están reconocidos por la UNESCO como parte vital del patrimonio antiguo de Indonesia. Las marionetas Wayang son muñecos tridimensionales o marionetas bidimensionales de cuero (o madera) con rasgos y ropa estilizados. Los espectáculos dramáticos se ven detrás de pantallas iluminadas y comunican conocimientos indígenas, mitología y folclore o filosofías importantes, como las que se encuentran en los dos poemas épicos hindúes antiguos por excelencia: el *Ramayana* y el *Mahabharata*. Estas dos obras de la antigua literatura hindú están fechadas entre el siglo VII a. C. y el siglo IV d. C. y se consideran algunas de las principales referencias escriturales de la religión. Con el tiempo, la tradición del Wayang ha crecido hasta incluir la acción en vivo, el canto, la danza, la música, la literatura, la pintura y otras formas de arte simbólico. Aunque, curiosamente, los Bali Aga nunca se incorporaron al renacimiento cultural de la era Mayapahit.

Cuando la afluencia de influencias de Mayapahit comenzó en el siglo XIV con el derrocamiento de la realeza balinesa, la realeza y los sacerdotes establecieron en Bali cortes reales de estilo oriental. Los matrimonios mixtos de familias balinesas prominentes (o reales) con la realeza mayapahit comenzaron a formular la casta de clase alta de las futuras sociedades balinesas. Además de los linajes familiares, las descendencias culturales y religiosas empezaron a afianzarse como ideologías isleñas, normas culturales y formas de arte. La lengua hablada indígena se desarrolló incorporando elementos del javanés. Lo más importante es que en las bibliotecas reales de Bali y de la vecina Lombok (que también formaba parte del Imperio mayapahit) se conservó una gran cantidad de literatura budista-hindú antigua, como el *Nagarakretagama*. El poema panegírico de hoja de palma

Nagarakretagama, escrito en el siglo XIV por un monje budista, cuenta la historia de los antiguos reinos hindúes-budistas y habla específicamente del Imperio mayapahit y de su líder más influyente, Hayam Wuruk. Hayam Wuruk ascendió al trono en la misma época en que el ministro principal (*patih*) Gajah Mada, que había dirigido el ataque a Bali, estaba en la cima de su carrera. Es probable que Gajah Mada tuviera una influencia significativa en la orientación del eventual dominio de Hayam Wuruk en gran parte del archipiélago indonesio. Tras el final del reinado de Hayam Wuruk, el Imperio mayapahit comenzó a declinar como base de poder, pero su influencia como fenómeno político y cultural se trasladó, sobre todo, a Bali, y la isla sigue siendo un icono de la cultura y el feudo hindú-budista javanés hasta nuestros días.

El periodo Mayapahit en la historia está marcado por la amplia indianización del sudeste asiático, y fue la potencia extranjera más influyente en el establecimiento del paisaje histórico sociocultural de Bali. La influencia de los mayapahit llegó hasta la península de Malaca y el este de Indonesia. Esta época legó a Bali las influencias más duraderas de su actual estructura social y sistema de clases, así como la arquitectura, los templos y la jerarquía real. La migración de los mayapahit dio lugar a importantes avances en la cultura, las artes y la economía, dando lugar a una identidad nacional balinesa formada por varios reinos hindúes. La extensión geográfica de estos reinos hindúes se refleja en las ocho regencias (o *kabupaten*) existentes en Bali, cuya extensión no ha cambiado mucho desde su formación hace varios siglos.

El vínculo histórico entre el Imperio mayapahit y los gobernantes residentes de Bali se entrelazó desde que Gajah Mada (el primer ministro javanés) dirigió un exitoso ataque contra el rey balinés en Bedulu (cerca de Ubud) en 1342, que culminó en 1343. El general de Gajah Mada, Arya Damar, colaboró en el derrocamiento de Bali, que se logró tras una serie de batallas que tuvieron lugar en el transcurso de siete meses. El gobierno mayapahit de Bali pasó a manos de los cuatro hermanos menores de Arya Damar. El hermano más importante, Arya Kenceng, se convirtió en el antepasado de los reyes balineses de las casas reales de Tabanan y Badung. Según el babad balinés, la capital de Mayapahit estaba situada en Samprangan (o Samplangan, Gianyar) y más tarde en Gelgel (costa sureste más allá de Gianyar). Las babad, crónicas o genealogías dinásticas eran un conjunto extenso y disperso de textos de la historia balinesa, en su mayoría escritos por brahmanes en el siglo XIX, que se remontan al inicio de la era Mayapahit, aunque se consideran una mezcla de hechos, leyendas y mitos indígenas. En concreto, un babad del siglo XX, conocido como *Babad Buleleng*, se escribió en una época (1920) en la que los colonizadores holandeses de Bali pretendían restablecer los reinos y gobernantes tradicionales de la nación. Se cree que este babad fue ideado para apoyar el nombramiento de I Gusti Putu Jelantik como gobernante de la Regencia de Buleleng. El *Babad Buleleng* podría ser un ejemplo de resumen de todos los babad que llegaron en los siglos anteriores, aunque no se puede confirmar nada.

Tres textos anteriores, *Babad Dalem, Usana Bali* y *Usana Jawi*, establecen (al menos en términos culturales) el linaje de ciertas familias reales balinesas, remontando sus orígenes a los conquistadores originales de Mayapahit. Estos primeros textos (y a veces versos poéticos) parecen haber sido escritos a principios del siglo XVIII, tras una época en la que el poder político balinés estaba pasando de los dominantes Gelgel a la emergente dinastía Klungkung (aprox. 1687). Dado que los babad se escribían a menudo para determinar la descendencia genealógica de quienes accedían al poder, su exactitud es bastante cuestionable, pero proporcionan una idea de las verdades o ideas históricas generales, así como de los vínculos históricos comunes.

El *Babad Dalem* (la *Crónica de los reyes*) es el babad que trata específicamente de la historia de Gelgel y sugiere que el reino siguió siendo la principal fortaleza balinesa hasta la segunda mitad del siglo XVII, mucho después de la disolución de Mayapahit. El dominio de

Gelgel dio paso a la dinastía Klungkung como heredera legítima del reino balinés, al menos según el babad. A pesar de la competencia de otros reinos de Bali, los Klungkung siguieron gobernando en un sentido u otro durante más de dos siglos hasta la conquista final del siglo XX por los holandeses en 1908. La capacidad de Klungkung para conservar el poder se debió en gran medida a la descripción que hizo el *Babad Dalem* de la dinastía como descendiente directa del Imperio mayapahit. Aunque muchos reinos balineses intentaron escribir e intercalar babad que "probaran" su linaje ancestral con el Mayapahit y su lugar "legítimo" para anular a los demás reinos balineses, estos esfuerzos fueron muy obviamente artificiosos. La creación de los babad balineses surgía en momentos en los que el cambio político amenazaba con hundir la isla, como a mediados del siglo XVIII y durante el dominio colonial holandés.

Según el *Babad Dalem*, una vez que Mayapahit conquistó al rey de Bali en el centro real de Bedulu, se estableció una corte vasalla en Samprangan, Gianyar, cerca del anterior centro real. Las fuentes legendarias como el babad son confusas y contradictorias, y sus cronologías son casi imposibles de creer, sobre todo si se comparan con los relatos de principios del siglo XVI de los primeros exploradores europeos. Lo que sí está claro es que las cortes reales vasallas Mayapahit de Bali estaban formadas por nobles y sacerdotes javaneses orientales, así como por guerreros (brahmanes y kshatriyas), de los que muchos habitantes de Bali en la actualidad pueden afirmar descendencia (y no exclusivamente de las casas reales). Las pruebas apócrifas indican que los gobernantes mayapahit se trasladaron a Bali en grupos durante periodos de tiempo tras la conquista en 1343 y establecieron cortes de vasallos que proporcionaron las estructuras de apoyo extranjeras necesarias para mantener la influencia sobre Bali. Es posible que los señores javaneses establecieran más de una capital en la isla y es probable que encontraran resistencia, sobre todo por parte de los Bali Aga independientes de las regiones montañosas. Según la leyenda, uno de los primeros gobernantes de Samprangan, Sri Aji Kresna Kepakisan, tuvo tres hijos. El mayor (Dalem

Samprangan) era incompetente, y cuando su hermano menor, Dalem Ketut, le sucedió en el trono, trasladó el centro real a Gelgel (costa sur de Klungkung). Samprangan cayó en la oscuridad, y el centro real de Gelgel continuó durante al menos un siglo.

Capítulo 5 - Gelgel y la época musulmana

Gelgel se encuentra en la costa sureste de la regencia de Klungkung, en Bali. Se cree que fue una antigua sede del poder desde principios del siglo XVI, coincidiendo con la caída del Imperio mayapahit y con la llegada del islam y de los primeros exploradores europeos a Bali. El reino de Gelgel siguió siendo el poder indígena dominante hasta mediados o finales del siglo XVII, siendo sustituido por el Dewa Agung de Klungkung. Es probable que Gelgel alcanzara la estabilidad cuando el sultanato de Demak cayó a mediados del siglo XVI y fue sustituido por el sultanato musulmán javanés de Pajang y, más tarde, por el sultanato de Mataram, que no debe confundirse con el reino de Mataram (Medang) del siglo XI de nuestra era. En su momento, el *puri* (corte balinesa) de Gelgel fue un centro vital de la política y la religión de la isla, dos aspectos de la vida balinesa que siguen siendo indivisibles hasta hoy.

El vínculo de Gelgel con las dinastías Mayapahit anteriores solo está registrado en babad, por lo que no se puede verificar. Algunos historiadores creen que puede no haber un vínculo ancestral directo entre el final de las regencias Mayapahit y la corte más intrínsecamente "balinesa" de Gelgel y posteriormente de Klungkung.

Los babad, que se escribieron varios cientos de años después, pueden haber sido una idea tardía y un intento directo de los autores tanto de promover sus propios linajes como los de las clases altas como de afianzar Bali como un estado hindú, aunque los Babad Dalem pueden estar respaldados por fuentes europeas en ciertos casos. Con la invasión de las fuerzas islámicas a partir de principios del siglo XVI, los balineses insistieron en su verdadera identidad como antepasados del poderoso Mayapahit hindú. Un relato del siglo XIX explica por qué fue difícil que los reinos balineses se unieran como uno solo o incluso que una sola potencia extranjera venciera a la isla a lo largo de su historia. La obra de Helen M. Creese (profesora asociada de la Universidad de Queensland, Australia) *Bali a principios del siglo XIX: los relatos etnográficos de Pierre du Bois* describe los relatos poéticos de las experiencias de un burócrata gubernamental holandés como administrador civil en la década de 1830 en Badung. Pierre du Bois explicó cómo la geografía de Bali determinaba su estructura de gobierno, ya que las regiones solían estar divididas por profundos barrancos o altas montañas, sin ríos navegables y con pocas carreteras. Explicó que los caminos eran peligrosos debido a los tigres y a los malhechores, ¡supuestamente bandidos!

La región de Gelgel albergaba una serie de poderosos reyes, el rajá Dalem de Gelgel, un poderoso *patih* (primer ministro), y un considerable harén real. Se sabe que los dominios de Gelgel se extendían a veces más allá de la propia Bali para incluir las islas orientales de Lombok y Sumbawa y la zona javanesa más oriental de Blambangan. Gelgel se encontraba en un continuo estado de agitación, ya que los parientes de las clases dirigentes y otros reinos balineses seguían perturbando el statu quo y disputando el derecho de Gelgel a gobernar. Una fuente de la VOC (Compañía Holandesa de las Indias Orientales) en 1619 informó de no menos de treinta y tres pequeños reinos que operaban bajo el rajá Dalem. Los holandeses informaron de un levantamiento particularmente doloroso que data aproximadamente de 1585 a 1587, en el que el rey superó un intento de golpe de estado y finalmente desterró a los usurpadores a una isla estéril cerca de Bali. Mientras tanto, el archipiélago malayo se islamizaba cada vez más, y esta conversión invadía rápidamente el este de Java, donde los antepasados hindúes-budistas del derrotado Imperio mayapahit eran considerados paganos por los musulmanes de los alrededores.

Aunque los comerciantes musulmanes habían estado activos en el archipiélago malayo desde el siglo VIII de nuestra era, tuvieron que pasar otros quinientos años antes de que el islam comenzara a extenderse en serio en Nusantara. Los misioneros escolásticos del sur y el sureste de Asia, así como de la península arábiga, llevaron las enseñanzas del islam a las islas vecinas de Bali, incluidas Sumatra y Java. El éxito de la difusión del islam se debió a su adopción al principio por parte de los gobernantes y las élites, así como de los comerciantes, desde donde se extendió a la población en general. A finales del siglo XIII, el islam se había establecido en el norte de Sumatra, lo que fue constatado por el explorador europeo Marco Polo (1254-1324). De esta época se tiene constancia de la existencia de un sultanato musulmán y de una dinastía gobernante.

La difusión del islam fue lenta al principio, pero cobró impulso en determinados momentos, como durante el siglo XV con el sultanato de Malaca. La pequeña pero poderosa capital histórica regional de la península de Malaca, Malaca, estaba estratégicamente situada junto a un estrecho marítimo que separaba el continente de Sumatra. El estrecho de Malaca era el principal canal de entrada a Nusantara y a la región de Malaca, y el sultanato islámico que creció a su alrededor, el Sultanato de Malaca, se convirtió en el centro del ascenso y caída de poderosas influencias en todo el archipiélago malayo. Por supuesto, la difusión y el impacto del islam dependían en gran medida de las rutas comerciales marítimas. Los comerciantes marítimos difundían el islam y transportaban a los eruditos y los bienes relacionados con las nuevas regiones islamizadas. La posición estratégica del sultanato de Malaca en las rutas comerciales de Malasia le proporcionó el poder militar necesario para acelerar la difusión del islam. El declive del reino de Mayapahit, que había dominado el comercio hasta principios del siglo XVI, coincidió con el ascenso de varios sultanatos poderosos que se habían desarrollado a lo largo de Nusantara, incluido el sultanato de Demak, en Java central. Los chinos se unieron a la carrera comercial marítima y crearon comunidades islámicas chinas en todas las islas. Se desarrolló una hegemonía comercial islamizada en todo el sudeste asiático marítimo, que estaba protegida por la China continental y otros estados islámicos del norte.

A finales del siglo XVI, el islam dominaba Sumatra y Java. Cabe señalar que la conversión al islam no solía ir acompañada de un derramamiento de sangre en los primeros siglos. El sufismo (misticismo musulmán) se consideraba el vehículo por el que los musulmanes incorporaban elementos locales del animismo, el hinduismo y el budismo a la fe islámica, convirtiendo finalmente a los creyentes al hacer que los sistemas de creencias establecidos y locales formaran parte del islam. A partir del siglo XVII, empezaron a llegar influencias islámicas más tradicionales desde la península arábiga (en lugar de Asia), y trajeron consigo una versión más ortodoxa y contundente de la religión. Cuando los holandeses se interesaron por los beneficios comerciales de Nusantara a principios del siglo XVII, permitieron la propagación del islam al desplazar a los comerciantes musulmanes establecidos, que se trasladaron a puertos más pequeños de todo el archipiélago.

Todavía existía un imperio tapón entre Bali y los estados musulmanes de Java occidental y central totalmente convertidos: la zona de Blambangan. Esta zona, situada en el extremo oriental de Java, era el último reducto del derrotado Imperio mayapahit. Como principales herederos de la cultura Mayapahit, Bali y Blambangan se apoyaban mutuamente en el comercio, pero también como últimos vestigios de una cultura en vías de desaparición. Al mismo tiempo, las luchas reales balinesas obligaron al rajá Dalem a buscar apoyo fuera de los límites de Bali. En 1639, el sultanato de Mataram (el estado islámico javanés adyacente a Blambangan) lanzó una invasión sobre

Blambangan para extender la fe islámica a toda Java. Gelgel apoyó a su vecino para rechazar a las tropas de Mataram, aunque finalmente Blambangan se vio obligada a rendirse. Sin embargo, una vez que las tropas de Mataram se retiraron, la muerte del sultán de Mataram les obligó a mirar hacia dentro, y perdieron el interés y el impulso para perseguir el derrocamiento de Blambangan y Bali.

Tanto Blambangan como Bali habían sobrevivido al colapso total de Mayapahit en 1527, y Blambangan siguió siendo obstinadamente "pagana" (hindú-budista) hasta la segunda mitad del siglo XVIII, 250 años después. La capacidad de Bali para mantenerse al margen de la lucha musulmana hasta los tiempos modernos es realmente notable. La ubicación periférica de la isla dentro del arco de islas indonesio probablemente haya sido el factor más importante para que Bali conservara su identidad, su religión y su etnia. Aparte de la geografía, Blambangan —como parte del extremo oriental de Java y la conexión más cercana de Bali con el resto de Nusantara— puede atribuirse como uno de los factores que evitaron que Bali fuera arrastrada por la marea de la conversión islámica en siglos posteriores. Blambangan era el último reducto no islámico que se extendía desde la península de Malaca, a través de Sumatra y hasta Java. Este puesto de avanzada hindú-budista protegía geopolíticamente a Bali de la conversión islámica directa y abrumadora. Blambangan pasó tanto tiempo discutiendo con sus sultanatos musulmanes vecinos que Bali estaba quizá más alejada geográfica y políticamente de los estados islámicos de lo que habría sido en caso contrario (como si toda Java se hubiera hecho musulmana a principios del siglo XVI). Las pruebas sugieren que, históricamente, las conversiones islámicas que se produjeron en Bali ocurrieron de forma gradual y pacífica.

Mientras tanto, los indómitos gobernantes de Gelgel se embarcaron en una serie de guerras infructuosas con las potencias regionales islámicas de Java oriental de Pasuruan y Mataram, que se encontraban directamente al oeste de Blambangan. Tanto el babad balinés como las fuentes europeas (como el registro holandés de la

VOC, el Dagh-Register) informaron de escaramuzas tanto fallidas como exitosas con Mataram, de la que Gelgel formaba parte. (Sin embargo, los registros históricos sugieren en su mayoría que los intentos de Bali de invadir el este de Java islámico fueron embarazosos y abortados). Las pruebas apócrifas describen a los líderes de Gelgel como despreciadores del islam, aunque los primeros exploradores europeos observaron que Bali comerciaba pacíficamente con los musulmanes de todo el archipiélago. Hacia 1630, un enviado de la VOC (Compañía Holandesa de las Indias Orientales) fue enviado a Bali para crear un tratado contra el estado musulmán javanés de Mataram. Sin embargo, el enviado (Van Oosterwijck) se encontró con la negativa del rey Gelgel, que deseaba permanecer en términos pacíficos tanto con los sultanatos musulmanes como con los holandeses. Esta contradicción en el trato del reino Gelgel con las potencias musulmanas extranjeras puede reflejar las actitudes y comportamientos de las generaciones cambiantes, lo que se apoya en el babad.

A mediados del siglo XV, el sucesor de Dalem Ketut (el primer gobernante gelgel), Dalem Baturenggong, fue entronizado y su reinado marcó la cúspide del reino gelgel, la edad de oro de los gelgeles balineses. La era de Baturenggong se extendió hasta después de la mitad del siglo XVI, tras lo cual sus dos hijos, Bekung y Saganing (Seganing), reinaron hasta el primer cuarto del siglo XVII. Se dice que Dalem Bekung gobernó durante una época turbulenta en la que dos rebeliones, en 1558 y 1578, de sus cortesanos, así como una severa derrota militar contra el reino javanés islámico de Pasuruan, amenazaron con desestabilizar su gobierno. Su hermano, Dalem Saganing, aparentemente disfrutó de un gobierno largo y pacífico. Durante el apogeo de Baturenggong (padre de Dalem Bekung y Dalem Saganing), Bali, Lombok y partes del extremo oriental de Java se unieron bajo su soberanía. Sin embargo, la propiedad de Lombok fue disputada, ya que el reino de Makassar, en el sur de Sulawesi, también la reclamaba.

Justus Heurnius, un capellán holandés de Batavia —o Yakarta— colaboró en la traducción de la Biblia a las lenguas indonesias. En su informe de 1638, describe una relación muy estrecha entre los reyes de Gelgel y sus sacerdotes o brahmanas. Dalem Baturenggong se convirtió en el mecenas de un sacerdote, o un sabio brahmán, llamado Nirartha, que había escapado de la isla javanesa islámica y buscado refugio en Bali. Irónicamente, junto con el avance del islam, en torno a 1540, Bali experimentó un renacimiento hindú dirigido por Nirartha. Como sumo sacerdote hindú-budista, Nirartha estuvo en el centro de la revolución espiritual y cultural que se produjo en Bali tras el colapso final de Mayapahit. Nirartha se propuso difundir el concepto de dharma ("rectitud") por toda Bali.

Dang Hyang Nirartha (Dang Hyang Nirarta Rauh o Pedanda Shakti Wawu Rauh), también conocido como "el brahmán de los brahmanes", fue responsable de la creación de numerosas obras literarias que constituyeron la base del hinduismo balinés. Estos textos consistían principalmente en himnos de gran calidad o kakawin. Los kakawin son largos versos narrativos de origen javanés y balinés. Los versos se derivan de la literatura sánscrita al estilo de los antiguos textos mitológicos y religiosos hindúes. Los kakawin circularon de forma más activa entre los siglos IX y XVI y cobraron vida en obras de teatro y recitales. Los poemas son ricas fuentes de información sobre la vida de la corte de la época, así como de ideologías espirituales enhebradas en intrincadas fábulas.

Nirartha no solo era un defensor de los textos religiosos y la literatura, sino que también era partidario de la construcción de templos. Las leyendas sugieren que Nirartha fue uno de los primeros hindúes-budistas que llegaron de Java después de 1527 y que, mientras esperaba a su familia, construyó el templo de Perancak. El templo de Perancak, en Jembrana, en el lado occidental de Bali, conmemora la llegada de Nirartha a la isla hacia 1537 desde la corte real javanesa de Blambangan. Bajo su dirección, Nirartha se encargó de erigir treinta y cuatro templos en toda Bali, incluidos varios templos marinos (Pura Segara). Nirartha supervisó la construcción de una serie de templos marinos a lo largo de la costa suroeste de Bali, cada uno de los cuales era visible desde el siguiente. Se dice que lo hizo para honrar a los dioses del mar y proporcionar una cadena de protección espiritual a la isla.

En algunos casos, es posible que Nirartha no haya sido directamente responsable de la construcción de todos los templos que los balineses le atribuyeron posteriormente. Es posible que haya sido más bien el artífice de que la gente se fijara en ellos y en su requisito de santidad. Esencialmente, Nirartha fue un maestro y un defensor de la espiritualidad en la vida cotidiana. Él fomentó y prescribió los diseños de los templos de las aldeas balinesas, que siguen siendo un elemento importante de la vida actual. El templo de Suranadi, en Lombok, fue aparentemente obra de Nirartha, y como la isla vecina de Bali más cercana al este estaba bajo el control de Gelgel durante esta época, también se convirtió en el hogar de ciertos textos religiosos y babad. (La mayoría de ellos fueron retirados posteriormente por los holandeses y sus consortes balineses a principios del siglo XX durante una serie de invasiones holandesas).

Entre otros logros de Nirartha está la introducción del santuario padmasana (trono de loto) en honor al dios supremo, Acintya. El padmasana constituyó la base del culto a Shiva más tarde en Bali, que adoptó una imagen similar. Por ello, a menudo se atribuye a Nirartha ser un sacerdote del hinduismo shaivita. La arquitectura del templo padmasana, derivada de la arquitectura javanesa del mismo tipo, se ha convertido en un emblema de las estructuras religiosas balinesas. La contribución de Nirartha a la reputación de Bali como "Isla de los Dioses" es notable. También se le conocía como Wawu Rawuh ("reunirse") por su estrecha asociación con el rey y por su nombramiento como bhagawanta (sacerdote real). Nirartha gozaba de un prestigioso linaje religioso y descendía de renombrados santones javaneses. En particular, su abuelo, Mpu o Dang Hyang Tantular Angsokanatha, fue el autor de la obra crítica hindú-budista *Kakawin*

Sutasoma. El *Kakawin Sutasoma* es un antiguo poema javanés (parox. siglo XIV de nuestra era) y la fuente del lema indonesio "Unidad en la diversidad". El poema enseña la tolerancia religiosa, especialmente entre las religiones hindú y budista.

Los textos indígenas hablan de las habilidades psíquicas de Nirartha y de su predicción del fin de la cultura hindú-budista javanesa. La llegada de una serie de catástrofes naturales al final del Imperio mayapahit reforzó la creencia del sacerdote de que su dios no pretendía que la vía dhármica continuara en Java, lo que precipitó su traslado a Bali. Junto con la revitalización que Nirartha aportó al hinduismo balinés y la difusión del dharma (vida correcta), estaba el concepto de *moksha*, un estado de iluminación que eliminaba la necesidad de renacer. A Nirartha se le atribuye la fundación del sacerdocio shaivita balinés, al que todos los sacerdotes balineses (pedandas) de hoy en día pueden atribuirse. Las leyendas dicen que utilizó sus habilidades psíquicas para seleccionar los lugares correctos para los templos.

Aunque no se le atribuye a Nirartha, el "templo madre" de Bali es el templo hindú Besakih (Pura Besakih), situado en las laderas del místico volcán Gunung Agung (veintisiete kilómetros o diecisiete millas al norte de Gelgel). Construido a casi mil metros sobre el nivel del mar, el complejo del templo cuenta con ochenta y seis templos y santuarios de clanes separados pero interconectados, repartidos en seis niveles. Se considera el templo más grande e importante de Bali. Los orígenes de Besakih se remontan al siglo VIII, cuando un monje hindú creó un complejo de viviendas en la zona llamado "Basuki", en honor a la deidad dragón Naga Besukian, que se creía habitaba en el monte Agung (de donde evolucionó el nombre a Besakih). El complejo ya se utilizaba como lugar de culto en el siglo XIII, y en el siglo XV era el principal templo del reino Gelgel. El templo se ha ido ampliando con el tiempo y, afortunadamente, no ha sufrido daños por las erupciones del monte Agung. Los lugareños afirman que esto es una señal de los dioses. Como todos los templos balineses, el de

Besakih es un recinto al aire libre formado por muchas zonas amuralladas separadas y unidas por puertas intermedias. Una serie de escaleras, terrazas, pabellones (*bale*), patios y santuarios (*candi*) conducen al adorador hacia la cima de la montaña sagrada y culminan en un templo interior y la padmasana, que se completó en el siglo XVII. Típico de los templos balineses, Besakih está salpicado de estandartes de bambú (largos palos adornados), pagodas, mantos sagrados, plantas de colores y ofrendas de los fieles.

[10] Arriba: Pura Besakih, Karangasem, Bali, mostrando la entrada de la puerta dividida de estilo javanés con el Monte Agung detrás. Abajo: Pura Besakih, Karangasem, Bali, con los santuarios Meru (torre de varios pisos)

Como consorte real durante la edad de oro de Gelgel, Nirartha fue la que más influyó en la complejidad de la religión balinesa y en la creación de una forma única de hinduismo y, posteriormente, en la naturaleza idiomática de la cultura balinesa. Este carácter único de la cultura y la religión fue uno de los factores que permitió a Bali resistir las influencias arrolladoras del islam en Nusantara y que la población se resistiera a la conversión masiva. Más del 80% de la población actual de Bali son hindúes practicantes, y aproximadamente el 12% son seguidores del islam. Bali sigue siendo la única provincia de Indonesia de mayoría no musulmana. Sin embargo, a pesar de que el *Babad Dalem* balinés afirma que los gelgeles balineses permanecieron firmemente en el control de Bali, varias fuentes históricas sugieren que Bali estuvo más oficialmente bajo dominio musulmán, concretamente en la segunda mitad del siglo XVI. La capacidad de Bali para resistir la dominación islámica completa se debe probablemente a una combinación de factores. La zona de amortiguación geopolítica de Blambangan, la posición geográfica única de Bali, su resistencia histórica a las relaciones comerciales excesivas y su hinduismo y cultura individualizados hicieron que Bali fuera más impermeable a la conversión islámica total que el resto de Nusantara.

Aproximadamente en la primera mitad del siglo XVII, Lombok formaba parte de Bali y posiblemente también de Sumbawa. Los primeros registros europeos sugieren que Bali era una sociedad mayoritariamente rural, bastante poblada y con éxito agrícola, sobre la que las clases dirigentes gozaban de un alto (pero quizás remoto) prestigio. Es posible que la ciudad de Gelgel floreciera durante este periodo de acuerdo con la "era del comercio" indonesio, una época en la que el comercio marítimo del sudeste asiático estaba en auge. Aunque el papel formal de Bali en el comercio durante este periodo es cuestionable, no cabe duda de que formaba parte de las redes comerciales del sudeste asiático, concretamente a través de Java. Los balineses intercambiaban telas de algodón fabricadas en la isla, así como especias. (La industria del algodón llegó a Bali desde la India, a través de Java, aproximadamente en el año 200 a. C.). En 1620, los holandeses hicieron un intento frustrado de establecer vínculos comerciales más estrechos con los balineses. Informaron que el rey era testarudo, y la relación comercial no se estableció. Los holandeses realizaron registros históricos detallados a finales del siglo XVI. Dado que fracasaron en sus intentos de establecer una conexión comercial formal con la isla, los informes sobre Bali de los siglos siguientes procedían en gran medida de diplomáticos y misioneros.

En la década de 1630, el último rey documentado de Gelgel, Dalem Di Made, gobernó provisionalmente hasta 1648, cuando su reinado terminó misteriosamente. A estas alturas, los reyes de Gelgel gobernaban en estrecha asociación con dos familias enfrentadas, los linajes Agung y Ler. Además, siempre estrechamente entrelazada con el gobierno balinés, había una línea hereditaria de preceptores brahmanas, así como ministros introducidos de varios linajes. A partir de 1651, el reino de Gelgel comenzó a desintegrarse debido a los conflictos internos, hasta el punto de que múltiples fuentes holandesas informan de una guerra civil balinesa ocurrida durante esta época. En 1686, se estableció un nuevo centro real en Klungkung, a cuatro kilómetros al norte de Gelgel (la actual Semarapura).

El periodo intermedio de más de tres décadas estuvo salpicado de luchas dinásticas extremas. Los usurpadores del trono solían tener algún tipo de reclamo, como el linaje ancestral o como hijos menores e ignorados del rey. Cuando se ignoraban las protestas legítimas, los clanes más fuertes no se privaban de hacerse con el trono. Uno de estos usurpadores fue el ministro llamado Anglurah Agung (Gusti Agung Di Made o Gusti Agung Maruti), del que se tiene constancia que gobernó entre 1665 y 1686. Se recuerda que tuvo breves interacciones con los holandeses entre 1665 y 1667 y que también ayudó a defender la isla de Lombok antes de tomar el poder en 1665. Esta fue también la época en la que las regencias menores, como Buleleng, comenzaron a imponerse, y Anglurah Agung luchó por conservar el poder. En 1686, Anglurah Agung cayó en batalla contra los nobles leales a un linaje más formal de Gelgel, entre los que se encontraban aristócratas de los reinos de Buleleng y Badung. Los babad cuentan el ascenso de I Dewa (Agung) Jambe (r. aprox. 1686-1722) en Klungkung en 1683. Era un vástago de la antigua línea Gelgel, y las fuentes holandesas corroboran su investidura como nuevo rey en 1686, tres años después de su aparición como aspirante al trono. La capital se trasladó cuatro kilómetros al norte, y comenzó un nuevo gobierno real balinés que marcó el fin del periodo Gelgel. (Aunque, técnicamente, el nuevo gobierno conservó el linaje de los Gelgel).

Los nuevos gobernantes de Bali, los Dewa Agung (Dewa Agung, o "Gran Dios"), consiguieron mantener cierta forma de dominio hasta mediados del siglo XIX y la llegada de los colonos holandeses. Sin embargo, el fin del reino Gelgel también marcó el fin de una única monarquía balinesa. En realidad, los Dewa Agungs solo eran responsables de una pequeña zona alrededor del palacio de Klungkung, así como de la isla balinesa menor de Nusa Penida. Bajo los Dewa Agungs (que pertenecían a la casta religiosa superior o Kshatriya), la isla de Bali se dividió en nueve reinos menores: Klungkung, Buleleng, Karangasem, Mengwi (al norte de Denpasar), Badung, Tabanan, Gianyar, Bangli y Jembrana. Cada uno de estos nueve reinos construyó sus propios palacios (*puri*), estableció su propio gobierno local y acabó construyendo sus propias dinastías. El principado de Mengwi reivindicaba su descendencia de Anglurah Agung.

Los reinos locales más pequeños de Bali desarrollaron sus propios gobiernos y sistemas a lo largo de los siglos, pero seguían jurando lealtad al Dewa Agung de Klungkung como su principal señor. Parte de su poder residía en la posesión de antiguas reliquias balinesas (*pusaka*), a las que se atribuían poderes mágicos que podían proceder de Mayapahit. (Existe el rumor de que estas *pusaka* se transmitían de generación en generación y a veces entre linajes. Algunos ejemplos son los kris o keris —dagas ceremoniales—, el babad y las telas con dibujos, como el *Songket* indonesio). La dinastía Klungkung se mantuvo, al menos en términos nominales, como los reyes de Bali. Estos nueve reinos originales de Bali se convirtieron en las ocho regencias actuales (*kabupaten*) de Bali (más el nodo urbano de Denpasar), aunque el país se administra como una provincia de Indonesia. Antes de la llegada de los holandeses a mediados del siglo XIX, los reinos balineses luchaban entre sí. En la época de la intervención y la colonización europeas, el sistema de gobierno de la isla era complicado y estaba fragmentado. Los holandeses utilizaron este incoherente sistema de gobierno balinés en su beneficio cuando intentaron hacerse con el control de la isla.

Capítulo 6 - Las primeras exploraciones europeas

La influencia europea en el archipiélago malayo se orientó originalmente en torno a la región de Malaca, en la península de Malaca. En el mango suroeste de la península, Malaca era un nodo pequeño pero estratégico adyacente al estrecho de Malaca, que separa el continente de Sumatra. El sultanato musulmán de Malaca había sido la potencia regional dominante durante unos cien años, y acabó siendo sometido en 1.511 por una combinación de fuerzas europeas, concretamente portuguesas y holandesas. Con la llegada de la construcción naval moderna y la era de la exploración oceánica, los europeos pretendían controlar las rutas comerciales de la Ruta Marítima de la Seda. Los portugueses mantuvieron el control de Malaca durante otros 130 años, hasta que los holandeses se impusieron a todas las demás potencias regionales. Durante la primera mitad del siglo XVII, holandeses y portugueses se enfrentaron en lo que se conoce como la guerra de las Especias, ya que el objetivo final de todas las partes era controlar el comercio de especias de las Molucas (las islas de las especias de Maluku, en el este de Indonesia). Esencialmente, la tensión en la Europa continental, así como la recién creada Compañía Holandesa de las Indias Orientales, enfrentó a las armadas holandesas con las portuguesas en sus disputadas colonias de todo el mundo. En las Indias Orientales, los holandeses salieron finalmente victoriosos y siguieron siendo la potencia dominante en las aguas del archipiélago hasta bien entrado el siglo XX.

Sin embargo, antes de la llegada de la guerra de las Especias, los exploradores europeos en Nusantara eran escasos, y su presencia en Bali aún más inusual. La época del mercader y explorador italiano Marco Polo (1254-1324 d. C.) habría traído a Europa noticias indirectas de Bali, ya que exploró las Indias a finales del siglo XIII y escribió sobre sus experiencias mientras pasaba una temporada en Sumatra y describía la vida allí (no había referencias específicas a Bali). Históricamente, la opinión generalizada es que la primera oleada importante de exploradores europeos que llegó a Indonesia fue la de los portugueses, que buscaban especias y otras mercancías para el comercio. El explorador portugués Vasco da Gama (aprox. 1460-1524 d. C.) condujo los primeros barcos europeos alrededor del cabo de Buena Esperanza (extremo sur de África) en 1498, y fue el primer europeo en llegar a la India por mar. La expedición de Da Gama aportó los conocimientos marítimos necesarios para abrir las rutas marítimas de Europa a Asia para el comercio, y así comenzaron las intervenciones portuguesas en el sudeste asiático. En 1511, los portugueses ya estaban en posesión del puerto y de la zona estratégica de Malaca. El gobernador portugués de la India nombrado por el colonialismo en aquella época, Afonso de Albuquerque, había tomado Malaca por la fuerza, venciendo al sultanato local para controlar el comercio de especias que operaba principalmente a través del estrecho de Malaca.

En 1512 se produjo el primer contacto oficial europeo con Bali, cuando los portugueses enviaron un barco desde Malaca a Bali. La expedición, dirigida por António Abreu y Francisco Serrão, llegó a la costa norte de Bali. Esta fue la primera expedición de una serie de viajes bianuales que los portugueses realizaron a las islas de las

Especias durante el siglo, en los que bordearon las islas de la Sonda en su camino. En el viaje inicial de 1512, Francisco Rodrigues cartografió Bali. A lo largo de las siguientes décadas se produjeron más interacciones, o al menos avistamientos de la isla. En los primeros mapas de navegación españoles y portugueses, Bali aparecía como *Boly*, *Bale* y *Bally*. En 1580, Sir Francis Drake, enviado por el gobierno de la reina Isabel I de Inglaterra, visitó brevemente la isla en busca de especias.

En 1585, los portugueses intentaron sin éxito establecer un fuerte y un puesto comercial en Bali. El barco enviado naufragó en un arrecife de la península de Bukit. Cinco supervivientes lograron llegar a la orilla y, al parecer, se unieron al reino Gelgel. Se les proporcionaron casas y esposas. Doce años más tarde, en 1597, el explorador holandés Cornelis de Houtman llegó a Bali con una tripulación muy mermada (probablemente debido a las enfermedades). Visitaron Jembrana, Kuta (península de Denpasar) y finalmente se reunieron en Padang Bai (una isla del sureste, al este de Gelgel), donde bautizaron Bali como *Jonck Holland* (Holanda joven). Al reunirse con el rey, o Dalem, conocieron a uno de los marineros del naufragio de 1585, Pedro de Noronha.

En 1601, la segunda expedición oficial holandesa del siglo XVII fue enviada a Bali bajo el mando de Jacob van Heemskerck. La realeza balinesa aprovechó esta oportunidad para intercambiar cartas amistosas para comerciar con el príncipe Maurits, líder de la República Holandesa en Europa de 1585 a 1625. Esta invitación abierta de Bali para que los holandeses comerciaran libremente con su reino fue malinterpretada y posteriormente utilizada por los holandeses para reclamar el dominio de Bali. El estilo abiertamente amistoso y acogedor de la carta, así como la evidente ingenuidad del balinés Dalem en su declaración de "concedo permiso para que todos los que me envíes puedan comerciar tan libremente como mi propia gente puede [comerciar] cuando visitan Holanda y para que Bali y

Holanda sean uno", es un trágico ejemplo de tergiversación de la época colonial.

En 1597 se publicó en Europa un libro en varios idiomas titulado *Verhael vande Reyse by de Hollandsche Schepen gedaen naer Oost Indien* (*Descripción de un viaje realizado por ciertos barcos de Holanda a las Indias Orientales*). El libro se basaba en los diarios privados de un miembro anónimo de la tripulación a bordo del buque *Hollandia* (de la VOC o Compañía Holandesa de las Indias Orientales), pero se publicó bajo el nombre del capitán Cornelis de Houtman. El libro incluía ilustraciones y descripciones de las prácticas balinesas de la época, como que el Dalem era tirado en un carro por dos bueyes blancos. Las bestias estaban tan adornadas como el carro. En la imagen, el rey está rodeado por sus guardias armados, y todos están desnudos hasta la cintura, incluido el rey. Otra imagen describe la práctica del *sati* (o *suttee*), el sacrificio ritual de una viuda mediante el fuego tras la muerte de su marido. En la ilustración, el cadáver arde alegremente en un pozo de fuego al que un consorte de aspecto feliz alimenta con combustible las llamas. La esposa salta sin miedo a la fosa mientras el gamelán local (orquesta indígena balinesa) sigue tocando.

Mientras tanto (hasta mediados del siglo XVI), Bali experimentó muy poca interacción europea para el comercio o de otro tipo. Los comerciantes marítimos de la época buscaban sobre todo bienes que Bali no proporcionaba, como especias, sedas, minerales y metales. El comercio de especias, en concreto, a pesar de su omnipresencia a lo largo de la historia, se centraba principalmente en la pequeña agrupación de islas Maluku (Molucas), al este de Sulawesi, en el este de Indonesia. Los comerciantes europeos pretendían adquirir la nuez moscada, el macis y el clavo de olor autóctonos de las islas Maluku, aunque la capital comercial de estos productos era Java oriental, a 1.600 kilómetros al oeste de las Molucas. Los cultivos tan codiciados por el mundo procedían de solo dos tipos de árboles en dos pequeños grupos de islas de las Molucas. Los clavos de olor (las flores sin abrir de los árboles del clavo) se encontraban en cinco islas, y la nuez moscada y el macis procedían de la semilla y el grano de una única especie de árbol que se encontraba en diez islas (las islas Banda).

En el siglo XVI, una vez que los portugueses controlaron Malaca, dirigieron su atención a las islas de las Especias. Dominaron el comercio regional de especias y otras mercancías hasta el surgimiento de la Compañía Holandesa de las Indias Orientales (En holandés: *Vereenigde Oostindische Compagnie* o VOC) a principios del siglo XVII. La VOC era un megaconsorcio holandés público-privado centrado en el comercio marítimo, y se fundó a principios del siglo XVII. La VOC duró doscientos años desde su fundación en 1602, y supuso una competencia considerable para otros comerciantes y colonizadores de todo el mundo durante su época. En 1603, los holandeses habían establecido el primer puesto comercial permanente en Java occidental, en Bantam (o Banten). Los holandeses se propusieron dominar Malaca desde el inicio de la VOC. En el período intermedio de un siglo, a partir de la conquista de Malaca a principios del siglo XVI, el sultanato islámico de Aceh, situado en el norte de Sumatra, se había convertido en una potencia regional. El sultanato no se conformaba con que los portugueses controlaran los corredores marítimos de Malaca, y se unió a una alianza con los holandeses para tomar el control de Malaca. La alianza triunfó finalmente en 1641, y Malaca se convirtió en un bastión holandés, con los portugueses expulsados como intrusos en el archipiélago. Los holandeses trasladaron su cuartel general a la capital javanesa de Yakarta, entonces llamada Batavia (o Batauia), que había sido fundada en 1619 por los holandeses. (Batavia se fundó en el emplazamiento de las ruinas de Jayakarta, antiguo sultanato de Banten, en el norte de Java, cuyo centro era Banten, conocido como Bantam por los colonialistas). Poco después de la conquista holandesa de Malaca, los puertos portugueses de las islas de las Especias cayeron también bajo el control de la VOC. Durante este periodo se crearon numerosas compañías comerciales europeas en las

Indias Orientales, y también se formaron colonias de países europeos en las Indias Orientales. Portugal fue el principal rival de Holanda hasta mediados del siglo XVI, cuando Inglaterra (y luego Gran Bretaña) compitió con los holandeses por el dominio. Hubo breves interludios de los franceses en el territorio, y los españoles mantuvieron una colonia de las Indias Orientales en las Filipinas (1565-1898) y otras islas, incluidas algunas de Sulawesi (conocidas históricamente como Célebes) y las Molucas (1580-1663).

Desde mediados del siglo XVII, los holandeses dominaron el archipiélago malayo. Sin embargo, a pesar de la prosperidad material y del destacado dominio real, los tratos del reino balinés de Gelgel con los comerciantes holandeses y portugueses fueron incidentales. Los registros holandeses de la época indican que los dirigentes balineses eran reacios a entablar negociaciones comerciales formales y podían ser "difíciles". La todopoderosa VOC estaba más interesada en dominar las regiones archipelágicas de las Molucas, Java y Sumatra. Se interesaron menos por Bali, pero intentaron abrir un puesto comercial en 1620 que no tuvo éxito debido a las hostilidades locales. La misión del puesto comercial se encomendó al primer mercader Hans van Meldert. Se le encargó que comprara "bestias, arroz, provisiones y mujeres". Se dice que regresó con solo catorce esclavas y nada más porque las negociaciones comerciales habían sido infructuosas. Otros registros de las relaciones entre holandeses y balineses a mediados del siglo XVII son escasos. En 1647 o 1648, un rey gelgel de Bali entabló relaciones diplomáticas con la VOC, y a principios de 1648, una misión holandesa de entrega de regalos partió de Batavia hacia Bali. Es posible que los holandeses naufragaran en los arrecifes y nunca llegaran a Bali, ya que la tripulación terminó su viaje en la isla vecina de Lombok.

Durante esta primera época europea, Bali era visitada sobre todo por comerciantes privados que traficaban con esclavos y opio, ya que el gobierno holandés había concedido a la VOC el monopolio del comercio de especias. Estos comerciantes procedían principalmente de China, Arabia y otras partes del sudeste asiático marítimo (aunque entre ellos había corsarios holandeses). En su época, la VOC tenía libertad de acción en todas las aguas que atravesaba, así como permiso de su gobierno para infiltrarse y dominar cualquier cultura nativa que encontrara. La compañía gestionaba su propio sistema financiero y acuñaba sus propias monedas; dirigía su propio sistema cuasi judicial, que incluía el encarcelamiento y las ejecuciones; tenía permiso para establecer tratados o hacer la guerra; y encontraba poca oposición a la hora de colonizar nuevas naciones donde era estratégicamente oportuno hacerlo. El sudeste asiático no fue una excepción. La abundancia de las islas de las Especias de Nusantara fue, al parecer, la causa de la formación de la VOC cuando un barco cargado de rentables especias exóticas llegó a Holanda en 1596. Los holandeses vieron la oportunidad de desvincularse de las superpotencias europeas dominantes de la época —especialmente España— y formar su propia entidad capitalista independiente que pudiera llevar a cabo simultáneamente objetivos estatales en el extranjero. La VOC era tanto una máquina de guerra internacional para los holandeses como la principal fuente de su tesorería.

Al mismo tiempo que la formación de la VOC, el establecimiento de la Compañía Británica de las Indias Orientales era indicativo de una lucha periódica mundial por el dominio de las rutas comerciales marítimas, que duró hasta bien entrado el siglo XIX (la Compañía Francesa de las Indias Orientales se estableció en 1664 y duró un siglo). Los británicos también habían puesto sus ojos en el sudeste asiático, así como en otros lugares, y en el comercio de especias. Los europeos habían interrumpido el dominio árabe del comercio marítimo en el archipiélago del sudeste asiático, pero también fueron decisivos a la hora de aliarse con los sultanatos de la región y enfrentar a unas potencias con otras en sus intentos estratégicos por hacerse con el control de la región. El éxito europeo en el dominio de las Indias Orientales radicó en el hundimiento durante esta época de los sultanatos en oligarquías más fragmentadas. Los sultanatos y talasocracias de tipo imperial de los reinos indios y musulmanes de

Nusantara fueron desapareciendo al mismo tiempo que llegaban los exploradores europeos.

Las influencias extranjeras y los juegos de poder en el sudeste asiático estaban impulsados en gran medida por intereses comerciales y conglomerados público-privados que, en realidad, eran máquinas de guerra nacionales apenas disfrazadas. Con el eventual colapso de las compañías de las Indias Orientales en la década de 1800 (la VOC a principios de siglo y la británica hacia finales), los intereses extranjeros se convirtieron en intervenciones "nacionalizadas" dentro del archipiélago, y se estableció la introducción de un estilo más formalizado de colonización a través del control directo del gobierno. El colapso de la VOC en 1800 marcó el surgimiento de las Indias Orientales Holandesas nacionalistas, el brazo colonial holandés de la República Holandesa Europea en el Sudeste Asiático, cuya sede estaba en Batavia. Las Indias Orientales Holandesas siguieron siendo una fuerza dominante en el archipiélago hasta el siglo XX, excepto por un breve periodo intermedio de 1806 a 1815, conocido como el interregno francés y británico. Los franceses gobernaron de 1806 a 1811 y los británicos de 1811 a 1815. Varios factores condujeron al colapso de la VOC, pero la cuota final de su ruina fue la Cuarta Guerra anglo-holandesa de 1780, que supuso una contienda mundial de poder político y rutas comerciales, en la que la VOC perdió la mitad de su flota. Poco después del colapso de la VOC, sus puertos en el sudeste asiático se nacionalizaron bajo la recién formada República Holandesa o pasaron a ser británicos.

Al otro lado del mundo, las guerras napoleónicas (1803-1815), dirigidas por el líder militar francés Napoleón Bonaparte tras la Revolución francesa de finales del siglo XVIII, asolaban Europa. Napoleón buscaba el dominio generalizado, incluso de las Indias Orientales. Entre 1806 y 1811, los holandeses actuaron como vasallos de los franceses, que controlaban sus dominios continentales en el continente europeo. Sin embargo, en constante conflicto con Gran Bretaña, las potencias francesas y holandesas perdieron su dominio sobre las Indias Orientales en 1811, cuando las fuerzas británicas invadieron Java, decididas a dominar el comercio de especias y el acceso a las islas Maluku. Java cayó en manos de los británicos en cuarenta y cinco días, y fue una tarea relativamente fácil ya que estaba defendida principalmente por mercenarios franceses a sueldo que tenían poco entrenamiento o liderazgo.

En 1811, el funcionario colonial británico Sir Stamford Raffles (1781-1826) fue contratado por la Compañía Británica de las Indias Orientales como secretario del gobernador de Malaca. Su gobernación duró hasta 1815, y fue entonces cuando Raffles decidió hacerse cargo del gobierno de Batavia. Fue un movimiento estratégico de Raffles para evitar que los franceses usurparan las Indias Orientales, dominadas por los británicos, cuya base de poder era Java. Raffles fue una figura clave en el redescubrimiento de antiguos templos y artefactos hindúes y budistas en toda Java, incluyendo elementos del Imperio mayapahit. Como entusiasta de la historia javanesa, Raffles publicó un libro titulado *Historia de Java* en 1817. Dentro de su administración de las Indias Orientales, Raffles mantuvo un pequeño contingente de personal británico de alto nivel, pero conservó el gobierno y la administración pública holandesa en general. Desgraciadamente, a pesar de su amor por la isla y su historia, utilizó tácticas prepotentes para derrocar a los reinos javaneses locales, lo que provocó el saqueo de su contenido cultural e histórico, que posteriormente fue confiscado por Raffles. Sir Raffles también intentó limitar el comercio de esclavos debido a la cambiante política británica contra la esclavitud.

En 1816, tras el fin de las guerras napoleónicas y el colapso del poder francés en Europa, los holandeses reafirmaron su dominio en la región, recuperando Batavia en virtud del Tratado anglo-holandés de 1814. Los holandeses pretendían atraer a los europeos para que se establecieran en la región como una colonia gobernada por ellos. No lograron extender su influencia por el archipiélago e incluso provocaron antagonismo en las islas de Sumatra y Java. Sin embargo, el restablecimiento de las Indias Orientales Holandesas duró un siglo más y trajo consigo la riqueza y los éxitos políticos que los holandeses ansiaban desde el siglo XVI.

Se dice que de Houtman, a finales del siglo XVI, quedó fascinado por Bali y los fáciles encantos de su paisaje y su gente. Al parecer, tardó unos meses (¡algunos registros dicen que dos años!) en reunir a su tripulación para partir. La mayoría de los exploradores y navegantes europeos estaban motivados principalmente por el dinero y las ganancias materiales, así como por el control político que aseguraba dichas ganancias. Históricamente, la gracia salvadora de Bali era que no ofrecía muchos beneficios económicos, y su belleza no era suficiente para competir con el atractivo de la abundancia de las islas de las Especias (Molucas). Así, aunque los holandeses no tomaron el control de Bali entre los siglos XVI y XVIII, establecieron puestos comerciales y utilizaron la isla como escala. Desgraciadamente, a mediados del siglo XIX todo cambió, y la pacífica isla de Bali volvió a perder su independencia.

Capítulo 7 - Bali y las influencias coloniales

El término histórico Indias Orientales incluía, en términos generales, la suma de islas que se extienden a lo largo de más de 6.000 kilómetros (3.728 millas) al este del subcontinente indio, al norte de Australia y al sur del continente asiático. Normalmente, esto incluía la actual República de Indonesia (antiguas Indias Orientales Holandesas), el archipiélago malayo (incluidas las Filipinas) y todas las demás islas del archipiélago del sureste asiático. En su sentido más amplio, las Indias Orientales incluían a veces el sudeste asiático continental y el subcontinente indio, pero en general, lo que los comerciantes coloniales denominaban Indias era el sudeste asiático marítimo.

Durante sus doscientos años de dominio de las Indias Orientales, la VOC utilizó su fuerte posición en el archipiélago para conseguir esclavos que sirvieran en su creciente colonia del cabo, en Sudáfrica, aunque en su mayoría tomaban esclavos de la península de Malaca y de partes de África oriental. En el propio archipiélago del sudeste asiático, los holandeses utilizaron esclavos de la región y, en muchos casos, personas que habían sido esclavizadas en sus propios países. Bali no fue en absoluto inmune al comercio de esclavos, y los esclavos balineses fueron llevados a Batavia bajo el dominio de la VOC. El deseo de los holandeses por los esclavos en los siglos de su dominación era insaciable, ya que necesitaban mano de obra para asentar sus colonias en todo el mundo, sobre todo en el africano cabo de Buena Esperanza y en las Indias Orientales. Durante el siglo XVIII, más de dos tercios de Batavia estaban formados por esclavos que trabajaban para la VOC, pero en 1853, la esclavitud en la región había sido técnicamente abolida debido a las presiones internacionales. (La fecha oficial de la abolición de la esclavitud en las Indias Orientales puede haber sido un poco más tarde, cerca de 1860, pero la práctica continuó ilegalmente, sobre todo por parte de los corsarios, durante los años siguientes, aunque a un ritmo muy reducido).

Los esclavos balineses eran muy apreciados. Los hombres eran valorados por su capacidad de trabajo manual y las mujeres por su belleza y su gentil arte. Los reyes de Bali no dudaban en vender a los traficantes de esclavos a los huérfanos y viudas, a los opositores a su gobierno, a los criminales y a los deudores. Aunque los esclavos se empleaban en la propia Bali, en Java (concretamente en Batavia) y en todas las colonias holandesas, el mayor mercado para el comercio de esclavos estaba en la Mauricio francesa (una pequeña isla del océano Índico). El pago de los esclavos balineses se hacía en opio, y el principal puerto para el infeliz tráfico de esclavos y opio era una salida al norte de Buleleng conocida como Singaraja (o "Rey León"). Singaraja siguió siendo un puerto importante a lo largo de la historia de Bali, no solo para la isla, sino también para todas las islas Menores de la Sonda. Los británicos estaban ansiosos por participar en este comercio balinés, para consternación de los holandeses. Las relaciones entre holandeses y balineses nunca se habían fortalecido, y durante sus 450 años de asociación con Bali, sus interacciones pasaron de poco claras a violentas y viceversa. Las dos soberanías se dieron cuenta de que se necesitaban mutuamente en los tiempos cambiantes y competitivos en los que vivían, pero ninguna parecía dispuesta a hacer los sacrificios o el compromiso necesarios para una asociación a largo plazo.

El sultanato de Mataram fue el último bastión musulmán que dominó Java antes de la opresión final por parte de los holandeses a mediados del siglo XVIII bajo los auspicios de la VOC. El sultanato independiente había operado desde el centro de Java (que no debe confundirse con el reino de Mataram del siglo XI) desde finales del siglo XVI. El sultanato alcanzó la cúspide de su poder en la primera mitad del siglo XVII, durante el reinado del sultán Agung Hanyokrokusumo, pero comenzó a declinar tras su muerte en 1645. Un siglo después, en 1749, el sultanato de Mataram se convirtió en un estado vasallo de la VOC holandesa. Los holandeses habían intentado establecer alianzas con Bali en su lucha contra Mataram y enviaron a un enviado, Van Oosterwijck, en 1633 para obtener un tratado con el rey del reino de Gelgel. El intento holandés fue inútil, pero cuando Mataram invadió Bali seis años después, en 1639, los balineses, a su vez, solicitaron la ayuda holandesa, que no llegó. El balinés Dewa Agung logró repeler a Mataram sin ayuda. Poco después, el reino Gelgel se desintegró para dar lugar a la dinastía Klungkung.

Bali experimentó el breve interludio francés en las Indias Orientales a principios del siglo XIX, pero como muchos otros interludios en la vida balinesa, la alianza pasó desapercibida. Cuando la administración javanesa pasó a ser franco-holandesa en 1806, Napoleón Bonaparte asignó al "mariscal de Hierro" Willem Daendels como nuevo gobernador general de Batavia. Bonaparte también envió barcos y refuerzos para tomar el control de las Indias Orientales y se embarcó en una oleada de construcción de fortalezas a lo largo de la costa javanesa. A los franceses les preocupaba sobre todo que los británicos se hicieran con el control de las Indias Orientales, lo que inevitablemente ocurrió de 1811 a 1815. Daendels firmó un tratado de alianza franco-holandés con el rey balinés de Badung (región centro-sur) en 1806. Klungkung no se menciona en este tratado. La principal premisa del tratado era proporcionar trabajadores y soldados para las fortificaciones franco-holandesas, principalmente en Java. Cinco años más tarde, Java cayó en manos de los británicos, y el tratado balinés no se aplicó en su totalidad.

Bajo el mandato del gobernador británico de Java, Sir Stamford Raffles, se hicieron varios intentos infructuosos con Bali para crear relaciones positivas entre balineses y británicos. Raffles se hizo extremadamente impopular con varios reinos balineses cuando empezó a infringir el comercio de esclavos en la región, en consonancia con la política de abolición que estaba empezando en Gran Bretaña. (La esclavitud siguió estando muy extendida durante el mandato de Raffles, que contaba con un gran séquito de esclavos en su residencia oficial de Java). Enfureció a los rajás de Buleleng y Karangasem en Bali, que posteriormente enviaron una misión militar contra el Blambangan británico-javanés en 1814, que luchó contra los cipayos británicos (mercenarios indios entrenados y empleados por la Compañía Británica de las Indias Orientales). Ese mismo año, Raffles envió un emisario a Bali para conseguir el reconocimiento de la sumisión a su señorío, y al año siguiente, él mismo visitó la isla. Pero, sea cual sea el resultado de estas interacciones, Bali volvió a salirse del nudo de la trampa colonial, ya que el gobierno javanés cambió de nuevo a holandés en 1816, al final de las guerras napoleónicas.

Los holandeses habían estado sometidos a las potencias coloniales francesas y británicas durante una década, durante el interregno francés y británico, y aprovecharon la oportunidad a partir de 1816 para reafirmar su dominio en las Indias. Un comisionado especial, H. A. van der Broek, fue enviado a Bali para ratificar los "contratos de concepto" para el dominio, que los balineses se negaron a aceptar. A pesar del desprecio de Bali por la colonización, el control holandés se extendió por todo el archipiélago indonesio a principios del siglo XIX, incluso en Bali. Los reinos independientes de Bali ya estaban establecidos, pero la guerra entre reinos era común y continua entre los rajás balineses. Por lo general, no funcionaban como una unidad homogénea con ideales comunes, y no existía una jerarquía clara para la gobernación, el gobierno o incluso las leyes básicas. El territorio se prestaba a la intervención extranjera, y en realidad solo los holandeses se apoderaron de la isla de forma tardía e inestable.

Dinamarca hizo una breve incursión en la historia de Bali en la primera mitad del siglo XIX a través de las acciones de un marinero llamado Mads Lange, que vivió en Bali de 1839 a 1856. Lange entró en Indonesia a bordo de un barco comercial danés como miembro de la tripulación. El barco hacía escala en Lombok y en Bali. Lange aprovechó la oportunidad para ponerse del lado del rey balinés durante una serie de escaramuzas entre Bali y Lombok que, por suerte para él, dieron la victoria a Bali. Mads Lange quiso aprovechar cualquier desavenencia en el gobierno local para establecerse como comerciante independiente. Comerciaba con todo lo que estaba a su alcance, desde oro y piedras preciosas hasta especias, telas y ganado, y se instaló en la península sur de la isla, en la región de Kuta (al suroeste de Denpasar).

Lange había creado un nuevo y revolucionario estilo de comercio independiente (tanto de importación como de exportación a terceros) en un entorno en el que antes las naciones dominaban las rutas comerciales. Junto con su creciente riqueza llegó el peligro, y a mediados del siglo XIX, el danés —que llegó a ser conocido como el "rey de Bali"— acabó construyendo un complejo completo con armamento y guardias entrenados. Llegó a tener tres hijos con mujeres balinesas que con el tiempo se integraron en la realeza balinesa. Su única hija de una mujer china, Cecilia, se casó con el sultanato indonesio de Johor (al sur de Malaca, en la península de Malaca), y el nieto de Lange a través de esta alianza, Ibrahim, acabó convirtiéndose en el sultán de Johor. Los descendientes de Lange gobiernan el sultanato de Johor hasta el día de hoy.

En 1843, un contrato con las Indias Orientales Holandesas colocó a Klungkung (la principal regencia de Bali) bajo la soberanía holandesa. Al mismo tiempo, se elaboraron contratos con otros reinos balineses, pero los balineses los impugnaron y surgieron controversias sobre su interpretación. Esta controversia llevó a la intervención holandesa, y entre 1846 y 1849, los holandeses iniciaron muchas guerras en su intento de capturar y controlar Bali. A medida que crecía su influencia en las Indias Orientales, se empeñaron en ser los señores de esta pequeña isla única pero rebelde. Los holandeses invadieron sin éxito el norte de Bali en 1846 y 1848, pero en 1849 ya tenían el control de Buleleng y Jembrana. La considerable flota del Real Ejército de las Indias Orientales Holandesas que llegó en 1849 para lograr este derrocamiento definitivo del norte de Bali estaba formada por cien barcos, tres mil marineros y cinco mil soldados entrenados, en su mayoría holandeses.

Los señores europeos utilizaron varias excusas para explicar su deseo de gobernar Bali. Estas excusas incluían principalmente la decisión de eliminar el comercio de esclavos y opio, el tráfico de armas y la práctica balinesa de saquear los naufragios, o *tawan karang*. Con la ayuda de algunos reyes balineses, que utilizaron a los colonizadores para conseguir sus propios fines, los holandeses acabaron tomando el control del norte de la isla. Los reinos de Buleleng y Bangli siempre habían estado enfrentados, y Bangli acabó ayudando a los holandeses a derrocar tanto a Buleleng como a Jembrana, dando a los colonizadores el control del norte de Bali. El consejero principal de Buleleng (I Gusti Ketut Jelantik) consiguió escapar a Karangasem (Bali oriental) con el rajá de Buleleng, pero fueron asesinados poco después por soldados de Lombok, aliados de los holandeses llevados a Bali para luchar. En ese momento, el rajá de Karangasem se suicidó ritualmente. La abierta hostilidad y los esfuerzos ofensivos de I Gusti Ketut Jelantik hacia las invasiones holandesas de la época lo han convertido en un héroe nacional. Por desgracia, el resto de su familia participó trágicamente en el *puputan*, o suicidio ritual masivo, que incluyó al menos a cuatrocientos de sus seguidores. Los holandeses perdieron un puñado de hombres, pero las bajas balinesas fueron muy elevadas (posiblemente miles).

El *puputan* se convertiría en una parte constante durante el derrocamiento holandés de las casas reales balinesas a partir de entonces, para consternación de los holandeses, que preferían la rendición o la guerra abierta. Los informes indican que los holandeses estaban horrorizados por los suicidios rituales, pero que también eran incapaces de detenerlos. Tras la conquista del norte, los holandeses se mostraron reacios a hacer marchar sus tropas por tierra y optaron por navegar hacia el sur (hacia Padang Bai) para invadir Klungkung. Sin embargo, las tropas holandesas empezaban a decaer debido a las enfermedades tropicales, concretamente a la disentería. Cuando los balineses lanzaron un ataque nocturno contra los holandeses, su comandante general, A. V. Michiels, fue asesinado por los guerreros de Klungkung, y los holandeses se retiraron a sus barcos. Los colonizadores no pudieron asestar un golpe definitivo en el sur de Bali y sufrieron grandes bajas durante la incursión nocturna en Kusamba, dirigida por Dewa Agung Istri Kanya. Los holandeses fueron repelidos por una fuerza de 33.000 balineses de Badung, Gianyar, Tabanan y Klungkung, y desde la seguridad de sus barcos, las incursiones de 1849 llegaron a un punto muerto. El enfrentamiento condujo a un tratado de paz con la región, en el que Klungkung gozaba de un gobierno autónomo bajo la soberanía de los holandeses. Holanda seguía sin controlar el núcleo de Bali a pesar de este intento poco entusiasta de hacerse con Klungkung.

Durante estas luchas, que duraron de 1846 a 1849, los holandeses aprovecharon para reclutar tropas de Lombok que llevaron en sus barcos para ayudar a derrocar a Bali. La alianza de los holandeses con Lombok no fue difícil de conseguir, ya que Bali había interferido en el gobierno de Lombok durante siglos. Lombok había formado parte del Imperio mayapahit, más amplio, desde antes del siglo XIV, aunque apenas se tenía constancia de la isla antes del siglo XVII. Lombok estaba formada en gran parte por pequeñas tribus enemistadas supervisadas por príncipes sasak (los sasak constituyen la mayoría de la población actual de Lombok). Los balineses, concretamente Karangasem o Bali oriental, habían aprovechado esta fragmentación y se hicieron con el control de Lombok occidental (una zona poblada conocida como Mataram) a principios del siglo XVII, que ya era un estado musulmán. Los holandeses habían concluido su primer tratado con Lombok en 1674 a través de la VOC y los príncipes sasak. En 1750, Bali dominaba la mayor parte de Lombok. En el oeste de la isla, el gobierno era en gran medida pacífico y homogéneo, pero en el este de Lombok, los balineses eran considerados principalmente como señores y recaudadores de impuestos, por lo que necesitaban defender su posición. En 1838, la agrupación balinesa Mataram controlaba Lombok, y en esta isla vecina se había desarrollado una rica cultura cortesana balinesa. Pero era evidente que los Mataram de Lombok consideraban que no estaban del todo bajo el hechizo de Bali, ya que firmaron un tratado con los holandeses en 1843 y luego otro en 1849 durante las intervenciones holandesas en Bali. Finalmente, fueron recompensados con el dominio de Karangasem cuando el norte de Bali cayó en manos de los holandeses.

La posición estratégica y poderosa de Mads Lange le había valido un puesto gubernamental menor con los holandeses como capitán del puerto. Los holandeses aprovecharon sus buenas relaciones con los reyes balineses para incluirlo en la negociación de tratados con Bali. En 1849, los holandeses se ratificaron en la soberanía de Bali, con la realeza local conservando un gobierno de facto. Lombok obtuvo la soberanía sobre Karangasem. Lange participó en estos procedimientos en calidad de "pacificador" en representación de todas las partes. Parece que utilizó su posición única sobre todo para obtener beneficios comerciales, ya que siguió vendiendo armas a los reyes balineses, tanto en sus discusiones con los holandeses como entre ellos. Los holandeses gobernaron desde Singaraja, en el norte, a partir de 1855. Desde 1855 hasta 1908, las casas reales balinesas tradicionales fueron sistemáticamente desmanteladas por los holandeses e invalidados sus miembros. Algunos miembros de la realeza fueron enviados al exilio, con sus tierras confiscadas, pero el enfoque dualista del gobierno holandés hizo que los ex miembros de la realeza balinesa fueran contratados como *punggawa* (administradores locales, tradicionalmente funcionarios de la corte), desde donde se congraciaron con sus señores holandeses y trataron de tener influencia en el gobierno de su tierra. Un personaje balinés muy conocido que ayudó a los holandeses fue I Gusti Putu Jelantik, autor del infame *Babad Buleleng*, una liturgia escrita por él mismo sobre su propia reclamación ancestral del trono balinés. Jelantik trabajó como asesor e intérprete de los holandeses durante sus invasiones en el norte de Bali, lo que acabó dándole una posición de relevancia en las casas reales de los discapacitados a medida que la fortaleza holandesa en Bali aumentaba durante el siglo.

En 1856, Lange se preparó para abandonar Bali y regresar a Dinamarca, cargado de riquezas y adquisiciones locales. Murió misteriosa e inesperadamente poco antes de su partida. La mayoría sospecha que la causa de la muerte fue un asesinato por envenenamiento, ya que sus pasados dobles negocios y asuntos comerciales podrían haber incitado a numerosos enemigos. Nunca se confirmó este asesinato, y es muy posible que muriera de enfermedad. La tumba y el monumento de Lange todavía pueden visitarse en Kuta, ya que nunca abandonó Bali y fue enterrado cerca de su recinto. Su negocio comercial, que estaba en declive, fue vendido a comerciantes chinos.

Tras la intervención de 1849, los holandeses procedieron a anexionar los territorios del norte de Bali. Nombraron a un miembro de la realeza balinesa, pero colocaron a un prefecto holandés en el control —Heer van Bloemen Waanders— que llegó a Singaraja en 1855. Waanders puso todo su empeño en las reformas de estilo europeo en el norte y hasta donde llegara la influencia holandesa. Los holandeses vacunaron contra las enfermedades, trataron de prohibir la práctica del *suttee* (quema ritual de viudas), intervinieron en el comercio de esclavos y de drogas, trataron de mejorar los sistemas de riego agrícola, apoyaron más la agricultura, construyeron carreteras y edificios, desarrollaron Singaraja (que es evidente dentro de Bali hasta el día de hoy) y construyeron otras infraestructuras para mejorar el comercio y las interacciones en toda la isla. Los holandeses aumentaron los impuestos sobre el comercio y la agricultura, concretamente sobre el comercio del opio. Desarrollaron el puerto del norte hasta convertirlo en un centro importante, al que acudían anualmente numerosos barcos locales y europeos. Incluso intentaron cristianizar a los lugareños, pero esto resultó ser un completo fracaso. En el medio siglo que transcurrió entre el inicio del dominio holandés en el norte de Bali y el inicio del siglo XX, los balineses lanzaron rebeliones y escaramuzas menores que fueron sofocadas por sus señores. Puede que los holandeses hayan permanecido como señores parciales de la isla durante mucho tiempo, pero no renunciaron a lo que habían conseguido.

A finales del siglo XIX, los holandeses aprovecharon las diferencias entre los reinos del sur de Bali para ampliar su control. La guerra de los rajás, que duró una década, de 1884 a 1894, contribuyó a la intervención holandesa. Los rajás de Ubud utilizaron finalmente al rajá de Gianyar en una artera estratagema para poner sus propios intereses por encima de los de la soberanía balinesa, y convencieron al rajá de Gianyar para que cediera su dominio a los holandeses. En 1894, Lombok, el vecino más cercano al este de Bali, se rebeló contra los últimos vestigios del dominio balinés. Las rebeliones eran frecuentes desde 1891, cuando el señor balinés de Lombok intentó reclutar tropas lombokianas para capturar todo Bali. El bastión occidental de Lombok, Mataram (todavía bajo control balinés), disponía de dos barcos de guerra —el *Sri Mataram* y el *Sri Cakra*— y los utilizó para rodear las aldeas sasak rebeldes y abatir la resistencia a su dominio. Los holandeses aprovecharon la oportunidad para invadir Lombok y unirse a los jefes sasak nativos para luchar contra los señores balineses. El 20 de febrero de 1894, los príncipes sasak de Lombok enviaron una invitación a los holandeses para que gobernaran su isla en lugar de los balineses. En junio de 1894, el gobernador general de las Indias Orientales Holandesas, Van der Wijck, ratificó un tratado con los rebeldes sasak y envió un ejército a

Lombok. Los holandeses también impidieron la importación de armas y suministros desde Singapur por parte de los gobernantes balineses.

En julio de 1894, los holandeses habían enviado buques de guerra desde Batavia, con más de 100 oficiales, 1.300 soldados europeos, 1.000 soldados indígenas y casi 400 caballos. Las batallas entre los holandeses y los gobernantes balineses continuaron a lo largo de 1894, en las que el comandante de la guarnición holandesa, P. P. H. van Ham, murió en una incursión nocturna en Mataram (capital de Lombok occidental), junto con quinientos de su contingente. En noviembre, los holandeses habían enviado refuerzos al mando del nuevo comandante general, J. A. Vetter. Mataram fue vencida en esta última embestida. Miles de personas murieron en las batallas o se suicidaron de forma ritual, incluida la realeza balinesa. El rajá balinés capituló y Lombok se anexionó a las Indias Orientales Holandesas en 1895. Los holandeses se hicieron con Lombok y Karangasem (Bali oriental), y su dominio sobre la mayor parte de Bali se hizo más firme (lo que incluía Bangli y Gianyar), pero los reinos del sur siguieron rechazando la colonización. Los balineses del sur de mayor edad predicaban la paz, pero en general los ciudadanos se negaban a ceder ante los holandeses, y un grupo de jóvenes príncipes combativos derrotó a los colonizadores en un ataque sorpresa. Esta transgresión hizo que los holandeses estuvieran aún más decididos a dominar Bali, concretamente los reinos de Tabanan, Klungkung y Badung. Al mismo tiempo que los colonizadores buscaban una causa para un asalto total a Bali, seguían luchando por justificar su razón para querer la dominación.

En 1906, los holandeses habían lanzado ataques contra los reinos balineses del sur, Badung y Tabanan, y habían debilitado a Klungkung. Klungkung había seguido siendo el reino principal de Bali de facto desde la caída de Gelgel cientos de años antes. Finalmente, en 1908, los holandeses invadieron Klungkung y citaron la contención del comercio de opio como razón para interferir (los detalles se explican en el siguiente capítulo). Este último ataque de los holandeses supuso el fin de las casas reales balinesas tal y como habían existido desde los tiempos de Mayapahit. Los holandeses se aseguraron su soberanía como gobernantes extranjeros de las Indias Orientales, pero a un coste moral muy alto. Bali era oficialmente un protectorado holandés, una ambición iniciada por los holandeses más de trescientos años antes. Los holandeses mantuvieron el control de Lombok hasta la ocupación japonesa durante la Segunda Guerra Mundial en 1942. Mantuvieron un ligero dominio sobre Lombok aliándose con la realeza balinesa y sasak para mantener el control con un pequeño contingente de oficiales holandeses. A pesar de que los holandeses se apoderaron de una gran cantidad de tesoros reales de Lombok (230 kilogramos de oro y objetos de oro, 7.000 kilogramos de plata y orfebrería, y tres cofres de piedras preciosas y joyas) en la campaña de 1894, los sasak los seguían considerando como heroicos liberadores de su isla. Parte de este tesoro fue devuelto a Indonesia en 1977.

Capítulo 8 - Independencia y democracia

En 1904, una goleta china naufragó en un arrecife de coral cerca de Sanur. Tradicionalmente, los balineses tenían derechos de salvamento en una práctica común conocida como *tawan karang*, y saquearon la goleta, el *Sri Kumala*. Sin embargo, los holandeses exigieron una compensación poco razonable, que fue rechazada por el rajá de Badung y apoyada por las regiones de Tabanan y Klungkung. El rey de Tabanan también enfureció a los holandeses al reintroducir la práctica de quemar a las viudas, conocida como *suttee*. Estos conflictos dieron a los holandeses una razón para lanzar un nuevo ataque a los puertos del sur de Bali en 1906 para afirmar su soberanía. La llegada de toda la armada holandesa (el Ejército de las Indias Orientales Holandesas o la Sexta Expedición Militar) a Sanur puso en marcha la guerra de Badung. Los balineses se mostraron desafiantes en su deseo de no ser una nación ocupada. La marina holandesa bloqueó los puertos del sur, pero sus ultimátums fueron ignorados. Posteriormente lanzaron ataques navales y terrestres y finalmente marcharon sobre el palacio de Badung. Los asaltos holandeses a varias aldeas en el camino hicieron que los balineses quemaran sus propios palacios y se negaran a luchar o someterse.

Típicamente, las autoridades balinesas de estas aldeas cometieron un suicidio ritual.

La guerra de Badung supuso una derrota masiva para los balineses e irónicamente no fue una guerra en absoluto. Los incidentes de aquella época comprometieron permanentemente la reputación de Holanda como un señor imparcial y razonable. Cuando los holandeses marcharon hacia el palacio de Badung (Denpasar), fueron recibidos a menos de cien pasos por el rajá, que iba en palanquín, y miles de sus partidarios. Las únicas armas que llevaban los balineses eran kris o keris (puñales ceremoniales), y se movían en silencio y de forma pasiva. El rajá, vestido con ropas blancas de cremación, fue asesinado por un sacerdote con un kris en un acto voluntario de suicidio ceremonial conocido como *puputan*. El resto de la procesión se suicidó o fue asesinado por los sacerdotes en un acto de suicidio masivo, una clara declaración de que preferían estar muertos a ser gobernados por los holandeses. Los holandeses suplicaron a los balineses que se rindieran, pero estos no lo hicieron, y el acontecimiento acabó con la muerte de unos cuatro mil hombres, mujeres y niños balineses. Algunos relatos afirman que las balas perdidas hicieron que los holandeses dispararan contra los balineses, pero independientemente de ello, el resultado fue que los balineses fueron completamente vencidos. Fue el fin de la casa real de Badung.

Más tarde, ese mismo día, se produjo un suceso similar en el palacio de Pemecutan (Denpasar), que se cobró la vida de más balineses. El rajá de Tabanan, Gusti Ngurah Agung, y su hijo se rindieron, pero se suicidaron dos días después en una prisión holandesa. No es de extrañar que la última regencia independiente, Klungkung, negociara un acuerdo de paz con los colonos. Los habitantes de Klungkung debían destruir sus fortificaciones, renunciar a todas las armas de fuego y a los impuestos de importación y exportación. Tras la tragedia de la guerra de Badung, los holandeses recibieron una atención mundial abrumadoramente negativa por los acontecimientos que habían conducido al desafortunado resultado de suicidios masivos y al exterminio de un gran número de pueblos indígenas pacíficos. Al parecer, las tropas holandesas saquearon los escenarios de la batalla y los cadáveres, arrasando lo que quedaba de los palacios, pero esto no está confirmado.

Desgraciadamente, la transparencia y el motivo económico de los colonizadores holandeses al intentar hacerse con el control del comercio del opio provocaron la ruptura del acuerdo de paz negociado con Klungkung. Los holandeses enviaron tropas para sofocar los disturbios de 1908 que habían estallado como represalia a sus intentos de conseguir el monopolio del comercio de la droga. Los disturbios estallaron en Klungkung y en Gelgel. Tras sofocar los disturbios (que causaron un centenar de muertos balineses) en Gelgel, los holandeses marcharon a Klungkung, adonde había huido el rajá. El rajá de Klungkung, junto con doscientos seguidores, supuestamente luchó con valentía desde su posición de seguridad en el palacio, pero fue asesinado por una sola bala holandesa. El rey se había armado solo con un kris según una profecía según la cual derrotaría al enemigo. Sus seis esposas y el resto de la comitiva de palacio hicieron *puputan*, al igual que sus predecesores en 1906. Al menos doscientos balineses murieron ese día (28 de abril de 1908) y el palacio fue incendiado. Con esta tragedia final, los holandeses obtuvieron la plena posesión y el control de Bali, aunque con un coste elevado y sangriento.

Esta ocupación final por parte de los holandeses marcó el fin del imperio balinés Mayapahit, que había dominado Bali durante cuatrocientos años. Lamentablemente, la dominación holandesa de Bali tuvo poco significado para los balineses, y fue más una estratagema política y económica que una verdadera victoria moral. Los balineses continuaron con sus actividades cotidianas y espirituales como lo habían hecho cuando eran gobernados por los reinos hindúes: para ellos no tenía importancia quién los gobernaba. Sin embargo, desde el punto de vista político, el control holandés sobre Bali era tímido, y en 1929 los colonizadores trataron de restablecer los cacicazgos nativos, o lo que se denominaba en holandés *volkshoofd*, para crear un tipo de gobierno local descentralizado que siguiera estando bajo su dominio. Los antiguos reinos debían ser restablecidos como negara (estados autónomos indonesios), y la realeza balinesa debía ser restablecida, lo que naturalmente condujo a un auge en la creación de babad, crónicas ancestrales balinesas que probaban el linaje real. La impotencia de los balineses ante el terror que habían infundido los holandeses les llevó a utilizar la palabra en lugar de la violencia para conseguir sus fines de libertad o, al menos, de un renovado reconocimiento y respeto tribal. Varios babad creados por los feudos balineses fueron enviados a los funcionarios holandeses en petición del derecho al trono de sus regencias particulares y también para motivar los esfuerzos para la creación de sus regencias como negaras independientes. Algunas de estas peticiones babad acabaron en el parlamento holandés en Holanda y llegaron a la atención de la reina Guillermina, la reina holandesa reinante de la época. Veinte años después de la guerra de Badung, en 1929, un sobrino del último gobernante de Klungkung, Dewa Agung Oka Geg, fue nombrado regente por los holandeses. Una década más tarde, en 1938, su estatus, así como el de otros siete regentes balineses, fue elevado a rajá (*zelfbestuurder*, o autogobernante, en holandés).

En 1912, un visitante alemán, Gregor Krause, tomó fotos y vídeos de mujeres balinesas con el torso desnudo, lo que promovió un aumento del turismo europeo después de la Primera Guerra Mundial, sobre todo en la zona de Singaraja (la actual Buleleng). Este aumento de los viajes internacionales después de la Gran Guerra no solo atrajo la atención hacia Bali, sino también la afluencia de artistas e intelectuales internacionales. En la década de 1930 se encontraban los antropólogos Margaret Mead (1901-1978) y Gregory Bateson (1904-1980), así como los renombrados artistas Miguel Covarrubias (1904-1957) y Walter Spies (1895-1942). Margaret Mead, antropóloga cultural estadounidense, fue una figura mediática muy conocida en las décadas de 1960 y 1970. Esta controvertida académica fue una influencia clave en la revolución sexual de los años 60 debido a su trabajo sobre las actitudes del sexo y el Pacífico Sur y el Sudeste Asiático. Mead era partidario de ampliar las actitudes sexuales. Gregory Bateson fue un antropólogo y científico social inglés que estuvo casado con Margaret Mead. Miguel Covarrubias, artista gráfico mexicano y descubridor de la civilización olmeca, junto con su esposa, Rosa, realizó varios viajes a Bali y creó el libro *Isla de Bali*, que estaba lleno de sus fotografías de la isla. Este libro contribuyó en gran medida a la afluencia turística a Bali que se produjo posteriormente. Walter Spies fue un pintor primitivista, compositor, musicólogo y conservador alemán nacido en Rusia. Vivió en Bali desde 1927 hasta su captura en 1942 durante la Segunda Guerra Mundial. Spies conocía bien a otros intelectuales y artistas de la época. El musicólogo Colin McPhee (1900-1964) transmitió la imagen de Bali como «una tierra encantada de estetas en paz consigo mismos y con la naturaleza» en su libro *A House in Bali*. McPhee fue un compositor indonesio nacido en Canadá y el primer occidental que realizó un estudio etnomusicológico de Bali. Compuso música basada en los sonidos étnicos de Java y Bali que alcanzó fama mundial.

En la década de 1960, el aeropuerto se renovó y empezó a facilitar los vuelos internacionales. También se construyó el primer gran hotel turístico en Sanur (la costa sureste de Denpasar), y se llamó Bali Beach Hotel. Esta época supuso el inicio del turismo de masas para Bali. Desde la antigüedad, Bali había magnetizado a personas con inclinaciones intelectuales y espirituales, y el primer primer ministro de la India, Jawaharlal Nehru (en el cargo entre 1947 y 1964), describió la isla como «el amanecer del mundo». El turismo occidental atrajo a celebridades internacionales de la época, como Noel Coward (dramaturgo inglés), Charlie Chaplin (actor cómico inglés), Barbara Hutton (una socialité mundial de su época a partir de los años 30) y Doris Duke (también una socialité y heredera mundial de la época). Las celebridades internacionales contribuyeron a crear una imagen de Bali como un moderno Jardín del Edén. En la década de 1970, los cineastas australianos empezaron a atraer a multitudes de visitantes australianos a Bali, concretamente produciendo vídeos de surf y construyendo bares y clubes nocturnos en zonas turísticas dirigidas a australianos y otros visitantes internacionales.

Pero el atractivo y el romanticismo de Bali nunca han estado exentos de tragedias. En 1963, el único volcán activo de Bali, el Gunung Agung, entró en erupción, causando al menos 1.500 muertos y la evacuación de cientos de miles de personas. El monte Agung, o pico de Bali, se eleva por encima de las tierras de cultivo circundantes hasta una altura de más de 3.000 metros (9.842 pies). El volcán es conocido localmente como "el ombligo del mundo" y ha estado inactivo durante 120 años. A la inestabilidad social y política general del periodo que rodeaba a la Primera Guerra Mundial se sumó un devastador terremoto en 1917, una gripe que mató a 22.000 personas y un ambiente de inquietud que hizo necesaria una mayor administración descentralizada de Bali. Los holandeses también tenían razones altruistas para dar poder a los negara locales, y siguieron apoyando y estableciendo las regencias balinesas hacia el autogobierno hasta el comienzo de la Segunda Guerra Mundial en 1938. Estas razones incluían la protección de Bali contra la modernización perjudicial y la amenaza de la conversión islámica y el nacionalismo, que se produjeron independientemente tras el final de la Segunda Guerra Mundial y la incorporación de Bali a Indonesia. En aquella época, los holandeses pensaron que la mejor manera de preservar y proteger el tradicionalismo balinés era revigorizar las estructuras reales hindúes y su simbolismo e ideología asociados.

Cuando las regencias y las familias gobernantes de Bali fueron restablecidas por los holandeses, el autor del *Babad Buleleng*, Jelantik, vio reconocido su derecho al trono y se convirtió en el rey de Buleleng. I Gusti Putu Jelantik (1880-1944) era un personaje que había sido especialmente hábil para congraciarse con los holandeses, y como autor del infame babad, acabó ascendiendo al poder construyendo simultáneamente templos para demostrar su valía a sus compatriotas balineses. (No debe confundirse con I Gusti Ketut Jelantik, de mediados del siglo XIX). Desgraciadamente, el deseo rapaz de Jelantik de gobernar lo encontró junto a los opresores coloniales como traductor cuando marcharon contra otras casas reales, como Badung, Tabanan y Klungkung, en la conquista holandesa del sur de Bali. Jelantik consiguió sus fines, pero los balineses no confiaban en él, y su preciada *Babad Buleleng* fue considerada una pútrida obra de ficción por las autoridades balinesas de babad.

Durante estas campañas, Jelantik fue cómplice de la adquisición de los fondos de las bibliotecas reales balinesas. Junto con el contenido de las bibliotecas de las cortes reales de Lombok, Jelantik adquirió para sí una considerable e impresionante colección de obras balinesas antiguas privadas. En 1928 ayudó a los holandeses a crear la biblioteca de manuscritos Kirtya Liefrinck-Van der Tuuk (actual biblioteca Gedong Kirtya) en Singaraja y fue su primer conservador. A pesar de los defectos que se le atribuyen a Jelantik, se le atribuye un esfuerzo considerable por preservar el patrimonio literario de Bali. La biblioteca Gedong Kirtya se encuentra en los mismos terrenos que el Museo Buleleng y puede visitarse en la actualidad. La biblioteca alberga una colección de obras holandesas y balinesas que datan de principios del siglo XX. Esta biblioteca de *lontar* (manuscrito de hoja de palma) también contiene *prasati* o *prasasti* (inscripciones en placas de cobre) y libros sobre religión, arquitectura, filosofía, genealogía, homeopatía, usada (escrituras médicas), ¡e incluso magia negra! El contenido de la biblioteca está escrito en la antigua escritura kawi balinesa, así como en holandés, alemán e inglés. La biblioteca fue creada por un residente holandés, I. J. J. Calon, funcionario del gobierno en Bali y Lombok durante el periodo colonial. La biblioteca permitió una amplia investigación sobre la cultura, las costumbres y la lengua balinesas por parte de dos eruditos holandeses de la misma época, F. A. Liefrienk y el Dr. N. van der Tuuk. Gedong Kirtya significa "esforzarse por construir", y este depósito sigue siendo una fuente crucial de inspiración e información para el estudio de la cultura balinesa hasta el día de hoy.

La ocupación holandesa de Bali se produjo mucho más tarde que la colonización de la mayor parte de las Indias Orientales, como Java y las islas Maluku, que eran más codiciadas por sus beneficios comerciales y posiciones estratégicas. Además, el dominio holandés sobre Bali nunca estuvo tan bien establecido como el de otras naciones colonizadas, y su dominio del siglo XX sobre la isla solo duró hasta la ocupación japonesa de Bali en 1942. Batavia (Yakarta) se mantuvo como ciudad colonial durante 320 años, hasta que en 1942 los japoneses ocuparon el archipiélago durante la Segunda Guerra Mundial. Tras el final de la guerra, en 1945, y una vez que Indonesia afirmó su independencia, Batavia pasó a llamarse Yakarta. (En 1527, el sultanato Demak de Java central había rebautizado la capital, Sunda Kelapa, con el nombre de Jayakarta, "preciada victoria", cuando derrocó al imperio Mayapahit, del que acabó derivando Yakarta. Sin embargo, los ocupantes holandeses de Java habían visto la capital como "Batavia").

El Japón imperial ocupó Bali durante la Segunda Guerra Mundial con el objetivo general de formar "una Gran Esfera de Coprosperidad de Asia Oriental", que pretendía liberar a los países orientales de la dominación occidental. Los futuros gobernantes de Indonesia, como Sukarno (el primer gobernante de Indonesia, que también era de madre balinesa), fueron promovidos por los japoneses, pero en privado, Indonesia quería independizarse tanto de los holandeses como de los japoneses. Una vez que las tropas japonesas se retiraron tras su rendición al final de la guerra en 1945, Bali asumió la independencia y emitió una proclamación al respecto en 1945/46. Sin embargo, los holandeses no iban a renunciar tan fácilmente a la isla que tanto les había costado conseguir, e intentaron restablecer su administración colonial de antes de la guerra, reasumiendo el gobierno al año siguiente. Los balineses tenían ahora en su arsenal las armas japonesas que habían dejado las tropas rendidas, así como líderes de la resistencia envalentonados, como el coronel I Gusti Ngurah Rai. Por desgracia, el coronel Rai murió como luchador por la libertad en la batalla de Margarana, en el este de Bali, en 1946. La breve resistencia militar balinesa había sido totalmente anulada por una nueva embestida holandesa. Tras una corta y amarga batalla para afirmar su independencia, los balineses volvieron a estar a merced de las potencias extranjeras.

La negación holandesa de la soberanía balinesa dio lugar a un gobierno provisional durante cuatro años más. Bali era uno de los trece distritos administrativos del recién proclamado Estado holandés de Indonesia. Mientras tanto, el establecimiento y crecimiento de la futura República de Indonesia (ratificada el 27 de diciembre de 1949) se hacía realidad. Inmediatamente después de la Segunda Guerra Mundial, una Indonesia en evolución, formada entonces por varios estados unidos, estaba encabezada por Sukarno, o Kusno Sosrodihardjo (en el cargo 1945-1967), un político javanés y primer presidente de Indonesia, y Mohammad Hatta (en el cargo 1945-1956), primer vicepresidente de Indonesia. Durante cuatro años, desde el final de la guerra mundial hasta 1949, los recién formados contendientes holandeses e indonesios por las antiguas Indias Orientales Neerlandesas llegaron a un punto álgido. También conocida como la Revolución Nacional Indonesia o la guerra de la Independencia de Indonesia, fue una época de conflictos armados y luchas diplomáticas, ya que el gobierno indonesio luchó por afirmar la independencia poscolonial. Los holandeses acabaron cediendo en 1949 tras haber llegado a un punto muerto militarmente, concretamente en Java, además de recibir una abrumadora presión internacional. Bali pasó a formar parte oficialmente de Indonesia en 1950, junto con los otros doce estados insulares que los holandeses habían reclamado (incluidas las Molucas, Java y las islas Menores de la Sonda).

En el mismo periodo de tiempo intermedio en que se desarrollaban los Estados Unidos de Indonesia y el Estado Holandés de Indonesia, existía el Estado de Indonesia Oriental (Negara Indonesia Timur). Duró desde el final de la Segunda Guerra Mundial, en 1946, hasta la declaración de la independencia de Indonesia, momento en el que pasó a formar parte de Indonesia en 1950. El único presidente elegido para el cargo del Estado de Indonesia Oriental fue Tjokorda Gde Raka Soekawati, que nació en Ubud, Bali, en 1899 (murió en 1967). Soekawati pertenecía a la casta balinesa más alta, la Kshatriya. Tras una carrera política en Bali e Indonesia, estudió en Europa y completó su formación estudiando agricultura en los Países Bajos. Tjokorda Gde Raka Soekawati negoció la incorporación del Estado de Indonesia Oriental a la República unitaria de Indonesia en 1949/50. Los estados incluidos en el Estado de Indonesia Oriental eran las islas que en ese momento estaban bajo la supuesta soberanía holandesa: Célebes (Sulawesi), las Molucas, Java, Bali y las Sundas menores. Los holandeses aprobaron y supervisaron los reglamentos para la formación del estado provisional, aunque la constitución independiente del Estado de Indonesia Oriental nunca llegó a aplicarse, ya que pasó a formar parte de la República de Indonesia antes de que pudiera iniciarse. La participación de los holandeses en la creación del Estado de Indonesia Oriental, que seguiría estando muy influenciado por los holandeses, puede haber sido parte de un compromiso de los colonialistas, y los indonesios partidarios de una nación completamente independiente criticaron la formación del estado.

La independencia de Bali con la formación de la República de Indonesia quizá no fuera una verdadera independencia. El gobierno de Bali y del resto de Indonesia eliminó progresivamente el dominio del Rajastán (reino local). La tímida federación indonesia, formada por unas profundas diecisiete mil islas, estaba dirigida por Sukarno, un revolucionario cuyo papel no había hecho más que evolucionar de la democracia a la autocracia y finalmente al autoritarismo. En 1958, Bali se convirtió en una provincia oficial de Indonesia, y se nombró a su primer gobernador (jefe regional o *kepala daerah*), Anak Agung Bagus Suteja —el hijo del último rajá de Jembrana—, que estuvo en el poder hasta 1966. En 1959, Sukarno había asumido la plena dictadura del archipiélago. Sus sentimientos anticoloniales y su deseo de corregir los errores del pasado colonial de Indonesia le llevaron a inclinarse cada vez más hacia las simpatías comunistas. En 1963, el presidente Sukarno se resistió al concepto de una federación indonesia, ya que, según él, sugería demasiado la continuidad del dominio europeo. No tuvo éxito en esto, ni en su intento de incorporar los territorios disputados del norte de Borneo (ahora parte de Malasia) al redil indonesio. Desde la eliminación de la influencia colonial holandesa, el poder de los reinos locales se había reducido, incluidos los antiguos rajastanes de Bali. Formar parte de Indonesia no mejoró notablemente la suerte económica ni la influencia política de Bali. El título de Dewa Agung caducó con la muerte del *zelfbestuurder* holandés, Dewa Agung Oka Geg, en 1964, aunque los miembros de su familia han desempeñado periódicamente el papel de regentes (*bupati*) en Klungkung.

El coste económico de los esfuerzos de Indonesia durante la guerra de la Independencia y sus posteriores fracasos, unido a la actitud abiertamente hostil de Sukarno hacia las potencias occidentales, generó una hiperinflación que se prolongó durante la mayor parte de la primera mitad de la década de 1960. El descontento social resultante y su mala salud debilitaron la base de poder del presidente Sukarno. Según Sukarno, un grupo de renegados comunistas supuestamente buscó y ejecutó a ocho generales de alto rango en septiembre de 1965 para evitar un posible golpe militar, aunque esta treta no fue ampliamente aceptada. En un intento de estabilizar el gobierno, el general Suharto convenció a los generales restantes para que llevaran a cabo un contramovimiento, y recuperaron el control del ejército. Aunque Sukarno permaneció en el poder, fue rivalizado por el influyente y políticamente autoritario Suharto.

Desgraciadamente, los incidentes de 1965 crearon una reacción comunista en la que se persiguió y asesinó sumariamente a comunistas reales y sospechosos en toda Indonesia. En este ataque, en su mayor parte injustificado, contra amenazas reales e imaginarias para el gobierno, Bali fue el escenario de algunas de las peores atrocidades. En algunos casos, grupos de presuntos comunistas fueron acorralados por turbas y apaleados hasta la muerte. Medio millón de comunistas potenciales y chinos étnicos perdieron la vida en esta limpieza innecesaria, y se calcula que 100.000 de ellos se encontraban en Bali (el 5% de la población de Bali en ese momento). En 1966, soldados armados sacaron al antiguo gobernador balinés, Anak Agung Bagus Suteja, de su casa en Senayan. Nunca se le volvió a ver, y su rival político, bajo los auspicios del Partido Nacional Indonesio (PNI), afirmó que había cometido una ejecución voluntaria (*nyupat*) cerca de Yakarta. Suteja había sido destituido de su cargo el año anterior debido a sus simpatías comunistas y a su papel de "hijo predilecto" de Sukarno. Suteja había estado muy implicado en la revolución indonesia para expulsar a los holandeses, y había sido encarcelado por los holandeses de 1948 a 1949 por sus esfuerzos. En 1966, tras las masacres comunistas, Sukarno huyó del palacio y se exilió. Siguió siendo presidente nominal durante un año más.

El sucesor de Sukarno, Suharto, permaneció en el poder durante más de tres décadas, y fue creando una cleptocracia autoritaria en la que él, su familia y sus socios eran los más beneficiados. El régimen de Suharto, dirigido por los militares, permitió un período sostenido de prosperidad económica que duró hasta la crisis financiera mundial de 1997. Los disturbios civiles resultantes de la crisis financiera, así como el descontento general debido a la corrupción de los dirigentes indonesios, provocaron disturbios y violencia generalizados. Finalmente, en 1999, los indonesios expulsaron a Suharto y participaron en sus primeras elecciones democráticas desde 1955. En 1998, la dimisión del presidente indonesio Suharto, tras treinta y dos años de gobierno, provocó disturbios patrocinados por islamistas en todo el archipiélago, incluido Bali. Los islamistas estaban enfadados por el alineamiento del nuevo gobierno con las potencias occidentales, como Estados Unidos, Europa y Australia. En el momento de su muerte, la familia de Suharto poseía y controlaba la mayoría de los prestigiosos centros turísticos de Bali. Los disturbios musulmanes en Bali provocaron el desarraigo de muchos chinos y cristianos cuyos negocios fueron atacados, y posteriormente tuvieron que evacuar a Lombok por seguridad.

Cinco años de tímida paz siguieron a Indonesia cuando la hija de Suharto, la presidenta Megawati, fue elegida en el marco de una democracia provisional. Aunque abordó el legado de corrupción del país y su escandaloso historial de derechos humanos, también gobernaba en medio de una crisis económica y una inestabilidad política general. Megawati fue derrotada por un antiguo general militar, Susilo Bambang Yudhoyono (o SBY). SBY fue el primer presidente de Indonesia elegido de forma completamente democrática y estuvo en el cargo durante más de un mandato (de 2004 a 2014), ya que sus políticas de lucha contra la corrupción y de honestidad moral resonaron en el pueblo indonesio. Tras el mandato de SBY tomó posesión el séptimo y actual presidente de Indonesia, Joko Widodo.

En 2002, dos atentados terroristas con bomba en la zona turística del suroeste de Denpasar fueron atribuidos a un grupo extremista islámico llamado Jemaah Islamiyah. Se afirmó que los atentados eran una represalia por el apoyo del gobierno indonesio a Estados Unidos y Australia, de acuerdo con un gobierno democrático de transición que abría su política exterior. Las bombas mataron a más de doscientas personas, la mayoría turistas australianos, e hirieron a muchas más. El mayor impacto de este acto terrorista fue una dramática pero esperada caída del número de turistas en Bali. Tres años más tarde, en 2005, se produjeron más atentados terroristas extremistas islámicos aproximadamente en la misma zona, Kuta. Al igual que en los atentados de 2002, los autores fueron capturados y encarcelados o ejecutados.

En 2010, y con la llegada de la película de Hollywood *Come, reza, ama*, protagonizada por Julia Roberts (basada en el libro de Elizabeth Gilbert), el turismo en Bali aumentó y empezó a florecer, superando sus niveles de 2002 con más de dos millones de visitantes al año. Entre 2010 y 2015, Bali acogió numerosos eventos internacionales, como el Congreso Internacional de Geotermia de 2010 y la Cumbre de Asia Oriental de 2012. La primera autopista elevada de Bali se completó durante este tiempo, así como una mejora del aeropuerto internacional (el gran Denpasar), que le permitió gestionar doce millones de pasajeros al año. La afluencia masiva de turistas ha tenido resultados económicos positivos y ha contribuido a un renacimiento cultural balinés. Sin embargo, se dice que el entorno natural ha sufrido como consecuencia, siendo habituales el desarrollo excesivo, el aumento de la degradación ambiental y la contaminación.

Por desgracia, la historia contemporánea de Bali se ha visto salpicada de reveses y éxitos. El monte Agung volvió a entrar en erupción en 2017 varias veces, permaneciendo activo durante la mayor parte del año. Los residentes dentro de la zona de peligro fueron evacuados una vez más por el gobierno, desplazando a miles de personas. Aunque fueron sobre todo familias locales y agricultores los que fueron evacuados durante varios meses, las erupciones afectaron negativamente al turismo durante todo el año y, por tanto, a toda la economía balinesa. En 2018, se eligió un nuevo gobernador de Bali, I Wayan Koster, de Singaraja. Koster es el noveno gobernador oficial de Bali desde 1950. Uno de los mayores impactos negativos en la vida y las circunstancias socioeconómicas de Bali fue la imprevista pandemia mundial de COVID-19. Se calcula que hasta ahora 5.000 personas han perdido la vida a causa de la enfermedad, y el gobierno balinés cerró todos los viajes internacionales. Para un pequeño estado insular en desarrollo que obtiene el 80% de su economía del turismo y sectores afines, la pandemia tuvo un efecto devastador en la isla tanto económica como socialmente.

Capítulo 9 - Patrimonio existente

En 1901, los holandeses introdujeron la Política ética, que pretendía ampliar las oportunidades educativas de los pueblos indígenas de las Indias Orientales. Estaban ansiosos por demostrar que su influencia en el archipiélago no podía equipararse a la lucha extractiva de otras potencias europeas. Además, poco después de las campañas de 1906-1908 contra los balineses, la imagen de los holandeses por parte de la prensa occidental era cada vez más negativa, y trataron de corregir estas percepciones. Entre otras cosas, la Política ética dio lugar a la creación de universidades en Yakarta durante la primera mitad del siglo XX, las cuales todavía existen hoy, aunque con nuevos nombres. La Política ética afirmaba estar pagando una "deuda de honor" por la riqueza que habían extraído de las Indias Orientales a lo largo de los siglos. Pretendían llevar "la paz, el orden y la modernidad" a los pueblos indígenas de las Indias Orientales y liberarlos del dominio "tiránico" de las monarquías. Junto con la Política ética, los holandeses empezaron a promover el turismo hacia 1914 en un esfuerzo por mostrar Bali como un "museo vivo" de cultura preservada. Estos esfuerzos de los holandeses se conocieron como la "balinización" de Bali.

Los verdaderos nodos urbanos (pequeñas ciudades) no se desarrollaron hasta mediados del siglo XIX en Bali, con la influencia de los holandeses, y los balineses nunca experimentaron la urbanización masiva que era común a los pueblos de la Europa medieval. En general, la vida balinesa es comunitaria y se centra en gran medida en la religión. Sus religiones actuales incluyen el hinduismo balinés, el budismo, el culto a los ancestros malayos y las creencias y prácticas animistas y mágicas. Los balineses también creen firmemente en la reencarnación. En Bali también viven musulmanes y cristianos, así como chinos, sobre todo en el oeste y el norte de la isla. Conocida como "la isla de los dioses" o "la isla de las mil puras (templos)", Bali alberga una gran cantidad de lugares de culto. Existen más de veinte mil templos hindúes balineses en la isla, cada uno dedicado a un aspecto particular de la vida o de la geografía espiritual balinesa. El hinduismo balinés se desarrolló a partir del hinduismo shaivita y del budismo, que llegaron a Bali a lo largo de la historia de la isla. Dado que las prácticas hindúes se centran más en un modo de vida espiritual que en un dogma específico, en Bali surgió y floreció un tipo de hinduismo único, que superó la conversión islámica del siglo XVI, típica del resto de Indonesia.

Este hinduismo balinés adoptó el estilo cultural de los balineses, entusiastas de la mezcla de antiguas filosofías e ideas religiosas, así como de mitos y leyendas, con las festividades, artes y tradiciones actuales. Poco después de la independencia de Indonesia, en 1949, los balineses tuvieron que luchar por el reconocimiento de su religión única en la isla, y finalmente, en 1959, el hinduismo balinés se estableció como una de las confesiones oficiales de Indonesia. El hinduismo balinés es una combinación única de budismo mahayana e hinduismo shaivita. Los adeptos a esta religión solo creen en un dios —*Sang Hyang Widhi, Acintya* o *Sang Hyang Tunggal*— aunque los seguidores siguen adorando varias formas de este dios y continúan con los rituales animistas en la vida diaria. El hinduismo balinés también puede denominarse shiva-budismo, hindú-dharma, religiones tirtha o religión del agua bendita. El aspecto más importante del hinduismo balinés es que sus adeptos encuentran el sentido espiritual de sus vidas y la consecución de la perfección a través de la *moksha* (llegar a ser uno con el universo). La religión no se basa en una doctrina prescrita, sino que es más bien una experiencia personal que se nutre de las antiguas tradiciones espirituales y las escrituras de Nusantara.

Aunque el sistema de castas hindú se observa en Bali, está menos arraigado socialmente que en lugares como la India continental. La principal razón de la igualdad en Bali es que la mayoría de la población pertenece a la casta más baja (Sudra / Shudra). Sin embargo, existen clases nobles en forma de sacerdotes (brahmanes), clases militares y reales (kshatriya) y comerciantes (vaishya). Los matrimonios entre castas no se aceptan fácilmente (lo que se conoce como la práctica de la endogamia). La lengua balinesa actual es distinta de la de Java oriental, de la que procede la mayor parte de la cultura balinesa, pero el balinés de clase alta contiene muchas palabras javanesas y sánscritas.

Todas las aldeas balinesas tienen templos, así como salones de actos, que suelen estar situados en una plaza donde se celebran mercados y festivales. Las familias viven en recintos rodeados de muros naturales. Cada pueblo tiene su propio club orquestal, y las pantomimas (obras de teatro) y los bailes tradicionales son una parte importante de la vida balinesa. Estas obras sirven como importantes fuentes de transmisión del conocimiento indígena a través de historias o de preservación de creencias mágico-religiosas. Se cree que el teatro de marionetas Wayang ha perdurado hasta los tiempos modernos porque los titiriteros han actuado como maestros de la historia y también han desempeñado un papel crucial en la comunicación de ideas políticas y culturales clave. El Wayang es una parte intrínseca de la cultura indígena de Bali, además de ser una forma de arte y un método de entretenimiento. El espectáculo suele ir acompañado de un coro u orquesta local. El Wayang ha crecido a lo largo de los siglos hasta incluir todas las formas de arte balinés (visual y de representación) y sigue evolucionando. Sigue siendo un medio importante para compartir información, enseñar, predicar, filosofar y entretener.

[11] Templo del Mar de Rambut Siwi en Jembrana (costa suroeste de Bali), mostrando la entrada paduraksa (torre) que da al océano Índico

Los templos balineses, además de su valor religioso, cultural y comunitario, son piezas intemporales que representan los imperios perdidos de Bali. Los templos y santuarios (y a veces las casas) de Bali, que datan de los primeros reinos indios, pasan por la era Mayapahit y llegan hasta el siglo XX, son un recordatorio constante del pasado exótico y espiritual de la isla. Muchos de los templos existen en capas, ya que cada nueva generación y cultura añadió sus adiciones e influencias a estas veneradas estructuras. Por desgracia, numerosos palacios, como el de Klungkung, fueron destruidos por los colonizadores holandeses en los años 1800 y 1900, y desde entonces han sido sustituidos, aunque en el estilo tradicional balinés. Un ejemplo de arquitectura antigua en Bali son las imponentes puertas paduraksa (o kori) de los templos, una estructura techada de varias capas que adorna el arco de entrada, muy típica de los templos de Java y Bali.

Los balineses son muy aficionados a la música, la poesía, la danza y los festivales. La orquesta balinesa (*gamelán, gamelang* o *gamelin*) es el conjunto musical tradicional de Java, Bali y las Sundas y una parte integral de la cultura balinesa local. El gamelán suele estar formado por una cantidad de instrumentos de percusión (concretamente metalófonos, tambores de metal y gongs, entre otros), violines de dos cuerdas y flautas de bambú. El gamelán puede ir acompañado de vocalistas masculinos y femeninos. Los balineses tienen un gran talento para las artes y la artesanía, y participan regularmente en juegos de apuestas, como las peleas de gallos. El extenso temperamento artístico de Bali se manifiesta en la pintura, la escultura, la metalurgia (orfebrería, plata y bronce), el hilado y el tejido, los instrumentos musicales y la talla de madera y hueso. Incluso los funerales se asocian a la belleza y la fiesta en Bali, y las procesiones de plañideras cubiertas de flores acompañan a los muertos, que yacen en ataúdes de madera con forma de animal, hasta los lugares de cremación. La pintura y la escultura de Bali han estado muy influenciadas por la religión hindú, ya que su objetivo era sobre todo inspirar valores éticos relacionados con las leyes del adat (derecho tradicional). En los primeros años de la pintura balinesa, se realizaban coloridos dibujos bidimensionales sobre tela o papel de corteza. Estas pinturas tenían una inclinación claramente religiosa y se realizaban de forma anónima para templos y palacios reales. En el siglo XX, la afluencia de visitantes y de artistas occidentales permitió la realización de más pinturas que representaban la vida balinesa en lugar de conceptos religiosos, y tenían un valor más comercial como objetos de arte para los turistas.

La base de las artes escénicas balinesas es la danza folclórica y la música gamelán, que los aldeanos enseñan a los niños pequeños. Estas actuaciones, muy estilizadas, cuentan historias de antiguas leyendas y se utilizan para representar el derecho de paso de cada individuo u otras celebraciones para los balineses. La cultura de la danza es una expresión natural de las creencias religiosas balinesas que cobran vida a través de movimientos exagerados y angulares coordinados con una intensa disposición de los ojos, las manos y los brazos. La mayoría de las danzas tienen como protagonista al tiránico personaje de la bruja (reina demonio), Rangda, que personifica las fuerzas oscuras del reino mitológico balinés. El Barong (bestia leonera de origen chino) es también un elemento habitual en el espectáculo de danza y representa la fuerza del bien. La constante contienda entre Rangda y el Barong representa la continua lucha entre el bien y el mal para los balineses. Las bailarinas (normalmente chicas) van vestidas con coloridos brocados de trajes autóctonos, con tocados altos y estilizados de color dorado, muy maquilladas y con atrevidos adornos. Algunas danzas balinesas no tienen una orientación religiosa y sirven simplemente para celebraciones y entretenimiento. Las danzas balinesas también pueden incluir un estado de trance de los bailarines cuando se cree que los espíritus benévolos habitan en sus cuerpos.

[12] La tradición viva balinesa de la danza folclórica, mostrando a las chicas en la danza Pendet *(saludo)*

El temperamento artístico balinés se vio muy influido por la afluencia de intelectuales, literatos, artistas y espiritualistas hindúes a finales del siglo XV, tras el colapso del Imperio mayapahit. Esta serie original de influencias puede haber sido la causa de la capacidad balinesa para fusionar la realidad con la ficción, la historia con la literatura, la religión con el folclore y las maniobras políticas modernas con el poder ancestral. Por ejemplo, las babad (crónicas balinesas) se consideran algo más que registros históricos legendarios. Estas reliquias textuales, o *pusaka*, encarnan la autoridad monárquica y sobrenatural. Los babad vinculan a los ancestros del pasado con la vida y los tiempos del presente y las ambiciones del futuro. Como nada en Bali parece estar fuera del poder de Saraswati, la diosa hindú de las artes y la literatura, los babad también forman parte de la cultura religiosa y artística de los balineses y a menudo se internan, junto con otros artículos de la corte, en santuarios y templos. Una característica del entretenimiento y la cultura balinesa es el recitado de babad y su ejemplificación en las artes escénicas, como el teatro de marionetas Wayang.

Lamentablemente, Bali ha heredado un legado de terremotos y erupciones volcánicas; los últimos eventos sísmicos se produjeron en 2018. El efecto más perjudicial de estas catástrofes naturales es la influencia perturbadora que tienen en la vida cotidiana, provocando el traslado de parte de la población. El turismo sigue atrayendo a millones de visitantes cada año a Bali, que quieren disfrutar de las playas y el océano, la vida nocturna y la cultura balinesa. Los balineses han desarrollado sus artes escénicas autóctonas, así como la artesanía y los trabajos manuales para mantenerse al día de la demanda de los extranjeros de su civilización única. Klungkung, en el sureste e incluyendo las tres islas satélites más pequeñas de Bali, es conocida por la talla de madera y sus industrias de oro y plata, que se abastecen en gran medida de las minas de Sumatra y Java. La habilidad para trabajar con metales preciosos fue traída por los herreros Mayapahit desde Java y posiblemente desde el pueblo chino Dong Son durante la Edad de Bronce. En la actualidad, la mayor parte de la orfebrería de Bali se concentra en el pueblo de Celuk, donde la habilidad para trabajar el metal se remonta a muchas generaciones. Los textiles y la cerámica *songket* (tradicional indonesia) se encuentran en la actual Gelgel. En el pueblo de Tenganan, Bali Aga, se fabrican exquisitas cestas que reflejan la artesanía austronesia. El animado mercado de

Gianyar, así como los destinos turísticos de Kuta, Sanur y Nusa Dua (localidades costeras del sur), atraen a muchos visitantes extranjeros. Ubud, más al norte, en las estribaciones de Bali, es un centro de artistas internacionales e incluye el Museo de Arte Agung Rai.

Aunque Indonesia no reconoce los reinos reales balineses ni sus poderes extraoficiales, algunos de estos linajes existen en zonas de Bali y se mantienen dentro de las comunidades, sobre todo mediante la adhesión a la jerarquía de clases de casta. Los antepasados de las casas reales balinesas saben quiénes son y de quién descienden, y a veces gozan de privilegios especiales, como casas palaciegas. La demografía de Bali está constituida por una mezcla de culturas originada por la afluencia de población de diferentes tierras a lo largo de milenios. La Bali actual está formada por casi un 90% de balineses étnicos, y el resto de grupos —que a menudo se distinguen por su país de origen o religión— viven en gran medida separados de los balineses tradicionales. Por ejemplo, los balineses Aga, que cruzaron originalmente desde Java en el siglo VIII, viven ahora aislados en las regiones montañosas de Bali. Las distintas tribus que se desarrollaron como parte de los Bali Aga están separadas en una serie de aldeas al pie del Gunung Agung y han desarrollado sus propios dialectos del balinés. Los Bali Aga se resisten a toda forma de influencia exterior y prefieren mantener sus sociedades apartadas según las *awig-awig* (normas consuetudinarias). Los estrictos códigos matrimoniales de los Bali Aga impiden el matrimonio fuera de la comunidad a menos que la persona abandone la misma y también prohíben el divorcio y la poligamia. Este aislamiento y la estricta perpetuación de las costumbres ancestrales por parte de los Aga han creado comunidades preservadas en el tiempo, que permiten vislumbrar cómo pudieron ser las comunidades austronesias originales. Desde las antiguas técnicas de teñido del algodón hasta la arquitectura exclusivamente Aga, los Bali Aga siguen estando orgullosa y decididamente separados de los balineses de las tierras bajas, que ahora se mezclan libremente con los turistas extranjeros, aunque dos pueblos Bali Aga permiten ahora la visita de los turistas. El turismo Aga se centra en la artesanía, las festividades y los productos únicos, como el tejido tradicional geringsing. Los Bali Aga siguen celebrando la llegada de sus ancestros de antaño a la manera tradicional balinesa, con música, danza y arte.

Aproximadamente una cuarta parte de las tierras de cultivo de Bali son de regadío, y se utilizan principalmente para el arroz. Otros cultivos son el café, el ñame, la palma aceitera, la yuca, el maíz, los cocos y otras frutas. Los agricultores crían ganado vacuno y menor. Sorprendentemente, la pesca sigue siendo una ocupación menor para las comunidades locales. El sistema agrícola balinés está vinculado a su afición por los rituales espirituales y el arte popular. El floreciente sistema de cultivo de arroz de Bali y sus ricos y fértiles suelos han garantizado el suministro de alimentos a la población durante milenios y también han proporcionado excedentes para el comercio. Esta abundancia de alimentos básicos ha permitido a los balineses disponer de tiempo y energía para participar y desarrollar sus numerosas formas de arte y actividades espirituales. En un mundo en el que los ideales cambian rápidamente, los balineses siguen empleando el proceso de toma de decisiones comunal o *musyawarah*. Los arrozales son un asunto comunal (*gotong-royong*), que incluyen sistemas de riego incorporados que canalizan el agua recogida por los bosques de las zonas altas. Los arrozales en terrazas están conectados mediante un sistema de canales, presas y túneles, y la mano de obra para mantener los arrozales procede de las comunidades locales, que utilizan herramientas manuales para cultivar y cosechar el arroz.

[13] Terrazas de arroz balinesas en Jatiluwih, una de las cinco terrazas de arroz del sistema de irrigación de los subak y que ha sido declarada Patrimonio de la Humanidad por la UNESCO

Alfred Russel Wallace, explorador británico, dijo lo siguiente sobre Bali cuando aterrizó en Singaraja en 1860 tras partir de Singapur:

> Me quedé asombrado y encantado, ya que, como mi visita a Java fue unos años más tarde, nunca había contemplado un distrito tan hermoso y bien cultivado fuera de Europa. Una llanura ligeramente ondulada se extiende desde la costa del mar unas diez o doce millas hacia el interior, donde está delimitada por una hermosa cadena de colinas boscosas y cultivadas. Casas y aldeas, delimitadas por densos grupos de cocoteros, tamarindos y otros árboles frutales, están salpicadas en todas las direcciones; mientras que entre ellas se extienden lujosos arrozales, regados por un elaborado sistema de irrigación que sería el orgullo de las zonas mejor cultivadas de Europa.

Parece que el paisaje de Bali no ha cambiado significativamente desde la época de Wallace. Curiosamente, los balineses nunca han sido aficionados a la navegación marítima o costera. El acceso inusualmente traicionero a Bali por mar contribuyó a que la isla "diera la espalda al mundo", ya que el norte montañoso creaba una barrera terrestre natural para los comerciantes marítimos de paso, por no mencionar que sus puertos siempre han sido pequeños y escasos. En cambio, la atención balinesa se centra en su isla natal, y la espiritualidad y cosmología balinesas están inseparablemente ligadas a su hermosa tierra. El singular hinduismo balinés es una combinación de hinduismo, budismo y tantra (los aspectos esotéricos de ambas religiones), así como de creencias indígenas locales y de culto a los antepasados, adoración de la naturaleza y animismo. Los tres reinos del sistema de creencias balinés podrían explicar por qué nunca han sido ávidos navegantes. Se cree que los poderes superiores ocupan el reino superior de las montañas y los cielos (los espíritus *hyang*), los humanos viven en el mundo interino y las fuerzas oscuras están siempre presentes bajo las profundidades del mar. El culto, a veces frenético, y la asistencia a múltiples templos reflejan su creencia de que su isla está constituida por dioses, demonios y personas, y que es su responsabilidad gestionar estas complejas disposiciones de entidades.

El concepto balinés de Tri Hita Karana reúne los reinos del espíritu, la humanidad y la naturaleza en la búsqueda del bienestar y la prosperidad. El Tri Hita Karana es similar a la idea occidental de "desarrollo sostenible" y también incluye alineaciones únicas de entradas y estructuras (similares al concepto oriental de feng shui) en todos los edificios balineses, concretamente en los templos. Pero estas ideologías espirituales no se limitan solo a los edificios, y las complejidades del hinduismo balinés se incluyen en todos y cada uno de los aspectos de sus vidas, desde la construcción de templos y hogares hasta la vestimenta, la alimentación, el baile y todas las formas de expresión en un intento de crear un equilibrio de fuerzas vitales (*rwa bhineda*) en la isla y entre sus gentes. En la vida semanal de los balineses no hay ningún día sagrado dedicado a ello, ya que todos los días son sagrados y están llenos de numerosas ofrendas a los dioses, ceremonias, procesiones y la quema de incienso aromático. Las ofrendas locales, o *kriya bebali*, que no son solo ofrendas transitorias y objetos hechos a mano, sino también obras de piedra y esculturas permanentes para los templos y santuarios, son una expresión de la vida colectiva balinesa. Los rituales y el entorno social de Bali son inseparables, y los balineses dedican constantemente sus esfuerzos estéticos y comunitarios a lograr el equilibrio.

Los balineses utilizan el arte y los objetos bellamente creados como un lenguaje visual común, y su talento se ha vinculado bien a la industria turística a través de la cual los balineses pueden vender sus obras y artesanías. El arte es una parte tan importante de la vida de los balineses que no definen el arte y la artesanía como actos separados porque forman parte de su rutina diaria. El concepto más cercano a las artes visuales sagradas es *kriya bebali*, o "ofrendas artesanales". La *kriya* es crucial para la identidad y la cultura de Bali (y de toda Indonesia). Las creaciones artísticas diarias y las ofrendas espirituales se realizan con regularidad y no necesariamente duran mucho tiempo. Nativamente, estas ofrendas se llaman *kriya becik*, que se traduce como "completo, hermoso y sagrado". Las mujeres del pueblo llevan montones de fruta en la cabeza para ser bendecidas en el templo cada día, las hojas de palma se tejen en *lamak* (largas colgaduras para los rituales en los santuarios) y las torres funerarias para los desfiles son prescindibles y pueden quemarse o comerse poco después. Las artes, la artesanía y las esculturas balinesas se consideran un método para honrar a dios o a los dioses a diario. Para los balineses, la belleza y lo divino son un único concepto que constituye el núcleo de la vida y no conceptos abstractos separados a los que se asignan ciertas horas de la semana. De hecho, el calendario balinés de base hindú es una expresión de diez ciclos simultáneos, de modo que cada día del año de 210 días puede definirse con diez nombres diferentes. Aunque los balineses también utilizan un calendario solar/lunar similar al calendario gregoriano occidental, no está diseñado para enumerar o estipular un punto específico en el tiempo como hacen los occidentales. Tanto el calendario hindú (Pawukon) como el lunar (saka) balineses hacen hincapié en un sentido más fluido del tiempo, entendido por los balineses como el "presente inmóvil".

La faceta más inusual del culto religioso balinés, que no difiere de su sentido del "ser" o del "vivir", es que ha sobrevivido sin cambios a lo largo de la historia de Bali. El país de origen de Bali, Indonesia, es actualmente el mayor país de mayoría musulmana del mundo, pero aún conservan el símbolo de sus orígenes hindúes/budistas a través del pájaro Garuda como identidad nacional. Trescientos años después de la llegada de los holandeses a Nusantara (a principios del siglo XVII), el islam se convirtió en el método de resistencia de las poblaciones indígenas al colonialismo. El islam continuó fortaleciéndose dentro de Indonesia hasta el siglo XX, y los intercambios de estados islámicos del archipiélago malayo con otros países musulmanes se fortalecieron en la era moderna. La resistencia de Bali al islam y la perpetuación del singular hinduismo balinés han hecho que la isla sea vulnerable a los ataques terroristas islámicos. Cuanto más atrae Bali a visitantes extranjeros del "mundo occidental", más estiman los extremistas islámicos que Bali se alinea con sociedades extranjeras no islamistas. El terrorismo sigue siendo una amenaza constante para la isla, pero Bali continúa sin cambios en su cultura y religión, como lo ha hecho al menos durante el último milenio. La isla se ha sometido a las olas de cambio que inevitablemente han envuelto a este pequeño y remoto estado dentro de un inmenso archipiélago. La constante afluencia de potencias extranjeras o visitantes curiosos sigue dejando a los balineses decididos a que ellos y el paraíso que llaman hogar son únicos y deben seguir siéndolo.

Conclusión

Bali es la más intrigante de las joyas del archipiélago indonesio del sudeste asiático marítimo. Es una isla pequeña y única, pero lo suficientemente grande como para atraer la atención de emigrantes, invasores y colonizadores durante miles de años. A lo largo de la historia de Bali, la isla ha disfrutado de una intrigante posición dentro de las rutas comerciales del archipiélago malayo. Al ser vecina de Java y cercana a las islas de las Especias, Bali se ha visto sometida una y otra vez a la dominación extranjera, ya que sus habitantes se vieron obligados a someterse a poderes superiores a ellos. Descrita como una nación de "estetas", las pacíficas, espirituales y culturalmente coloridas sociedades que constituyen Bali no podían competir con las ambiciones e intereses de la India subcontinental, Java y Europa. En los primeros años de la historia de Bali, el pueblo no hizo nada para repeler las fuerzas externas y las interminables olas de cambios culturales y económicos que envolvían su paraíso. Los balineses se adaptaron, integraron nuevas culturas y esperaron cada nueva independencia que inevitablemente seguía al dominio extranjero.

Durante la historia más moderna de Bali, el periodo colonial, la tragedia de la vulnerabilidad de la isla la alcanzó. Tras haber estado protegida durante cientos de años de la explotación, el saqueo y la colonización, finalmente cayó en manos de los holandeses a principios del siglo XX. La falta de especias y otros productos para el comercio en Bali había mantenido la isla a salvo de los intrusos archipelágicos que habían cosechado y saqueado las Indias Orientales durante siglos. Pero los holandeses, que controlaban gran parte de Indonesia y Java, no descansarían hasta completar su arsenal colonial de control archipielágico. Los reinos indígenas de Bali, cuya herencia se remontaba al fascinante Imperio mayapahit, fueron irremediablemente desmantelados. En una rápida sucesión de circunstancias incontrolables, la dominación holandesa dio paso a la ocupación japonesa durante la Segunda Guerra Mundial, seguida de la reclamación global de Indonesia de las antiguas Indias Orientales Holandesas. Bali fue engullida como provincia de una república archipelágica mucho mayor, que sigue siendo su estatus actual.

La isla de Bali nunca se sometió del todo a las potencias extranjeras, pero tampoco ha sido completamente independiente durante un periodo de tiempo significativo. La mayoría de las veces ha existido como estado vasallo de una nación mayor y ha incorporado obedientemente diferentes culturas, religiones y sistemas sociopolíticos a su variada existencia. En su actual condición de provincia de la República de Indonesia, Bali es el único estado de mayoría hindú de la cadena de islas dominadas por los musulmanes. Poco después de su independencia provincial, Bali tuvo que luchar por el reconocimiento del singular hinduismo balinés por el que es conocida: una mezcla ecléctica de budismo, hinduismo y otros sistemas de creencias indígenas. Las casas reales balinesas siguen sin ser reconocidas por su matriz, Indonesia, a título oficial, y el presente de la isla se hace eco de su pasada lucha por la soberanía o, al menos, por una identidad estatal individualizada.

Conocidos historiadores anuncian que Bali es un ejemplo de las extinguidas sociedades indojavanesas de antaño. Bali es un monumento vivo que celebra la edad de oro de los imperios marítimos hindúes y budistas que dominaban los mares del sudeste asiático en busca de especias, mercancías exóticas y, sobre todo, de compartir filosofías e ideologías espirituales. Ejemplificando una magnífica mezcla de etnias, culturas y credos, Bali sigue siendo un ejemplo intemporal de un pasado mágico y heroico que evolucionó hasta convertirse en el sublime y heterogéneo punto turístico de hoy en día, que es visitado y amado por personas de todo el mundo por su singularidad y fiel adhesión al pasado.

Vea más libros escritos por Captivating History

Referencias

Bali.com: *Bali's History: The History of Island of the Gods,* https://bali.com/bali-travel-guide/culture-religion-traditions/balinese-history/, consultado en febrero, marzo 2021,

Hinduism in Bali, https://bali.com/bali-travel-guide/culture-religion-traditions/balinese-hinduism-religion/, consultado en febrero, marzo 2021.

Baliaround.com: *Barong Landung: Balinese Legend,* https://www.baliaround.com/barong-landung/, consultado en febrero, marzo 2021.

Bellwood, Peter, et al., editors. *Austronesian Prehistory in Southeast Asia: Homeland, Expansion and Transformation.* The Austronesians: Historical and Comparative Perspectives, ANU Press, 2006, pp. 103–118, consultado en via *JSTOR,* www.jstor.org/stable/j.ctt2jbjx1.8, febrero, marzo 2021.

Britannica: *Austronesian Languages,* https://www.britannica.com/topic/Austronesian-languages, consultado en febrero, marzo 2021,

Bali, https://www.britannica.com/place/Bali-island-and-province-Indonesia, consultado en febrero, marzo 2021,

Dong Son Culture, https://www.britannica.com/topic/Dong-Son-culture, consultado en febrero, marzo 2021,

East Indies, https://www.britannica.com/place/East-Indies, consultado en febrero, marzo 2021: *Indonesia*, https://www.britannica.com/place/Indonesia, consultado en febrero, marzo 2021.

DiscoverBaliIndonesia.com: *Balinese Arts and Crafts*, http://www.discover-bali-indonesia.com/encyclopedia-balinese-art-craft.html, consultado en febrero, marzo 2021,

Balinese Calendar, http://www.discover-bali-indonesia.com/encyclopedia-balinese-calendar.html, consultado en febrero, marzo 2021,

Balinese Cosmology, http://www.discover-bali-indonesia.com/encyclopedia-balinese-cosmology.html, consultado en febrero, marzo 2021.

Farram, Steve, 1998. *The Dutch Conquest of Bali: The Conspiracy Theory Revisited, Indonesia and the Malay World*, 26:76, 207-223, DOI:10.1080/13639819908729924 consultado vía www.tandfonline.com, en febrero, marzo 2021.

Frommer's.com. *History in Bali*, https://www.frommers.com/destinations/bali/in-depth/history, consultado en febrero, marzo 2021.

Guampedia.com, 2019. *Canoe Building*, https://www.guampedia.com/canoe-building-2/, consultado en febrero, marzo 2021.

Gunadi, Ari. *Besakih Temple in Bali*, consultado vía Hotels.com, https://au.hotels.com/go/indonesia/besakih-temple, en febrero, marzo 2021.

Gunther, Michael D., http://www.art-and-archaeology.com/indonesia/indonesia.html, consultado en febrero, marzo 2021.

Hagerdal, Hans, 1995. *Bali in the Sixteenth and Seventeenth Centuries: Suggestions for a Chronology of the Gelgel Period.* Bijdragen Tot De Taal-, Land- En Volkenkunde, vol. 151, no. 1, 1995, pp. 101-124, consultado vía *JSTOR*, www.jstor.org/stable/27864631, febrero, marzo 2021.

Kalpavriksha, 2019. *Dang Hyang Nirartha, Reformer of the Indonesian Dharma*, consultado vía https://medium.com/@Kalpavriksha/dang-hyang-nirartha-reformer-of-the-indonesian-dharma-26ac19dbea8c, febrero, marzo 2021.

Kapil, Iris. Iris Sans Frontieres Blog:

Rice and Slavery in Colonial America, 2018,

https://irissansfrontieres.wordpress.com/category/bali/, consultado en febrero, marzo 2021,

The Artful Crafts of Bali, Part 1, 2016,

https://irissansfrontieres.wordpress.com/2016/12/03/the-artful-crafts-of-bali-part-i/, consultado en febrero, marzo 2021,

The Artful Crafts of Bali, Part 2, 2017,

https://irissansfrontieres.wordpress.com/2017/01/01/the-artful-crafts-of-bali-part-ii/, consultado en febrero, marzo 2021,

The Artful Crafts of Bali, Part 3, 2017,

https://irissansfrontieres.wordpress.com/2017/01/31/the-artful-crafts-of-bali-part-iii/, consultado en febrero, marzo 2021.

Lalor, Ailish, 2020. *What was the VOC? The Dutch East India Company Explained*, consultado vía DutchReview.com, https://dutchreview.com/culture/history/voc-dutch-east-india-company-explained/, febrero, marzo 2021.

Lansing, J. Stephen et. al., 2001. *Volcanic fertilization of Balinese rice paddies*, consultado vía Elsevier, Ecological Economics 38 (2001) 383 - 390.

Lonelyplanet.com: *Gelgel,*
https://www.lonelyplanet.com/indonesia/klungkung-

semarapura/attractions/gelgel/a/poi-sig/1554081/1002205, consultado en febrero, marzo 2021.

Mahavidya, *The Sanjaya Dynasty*, http://www.mahavidya.ca/2012/06/18/the-sanjaya-dynasty/, consultado en febrero, marzo 2021.

National Geographic:

Rutledge et. al., 2011. *Monsoon*, https://www.nationalgeographic.org/encyclopedia/monsoon/, consultado en febrero, marzo 2021.

Newworldencyclopedia.org: *Mayapahit*, https://www.newworldencyclopedia.org/entry/Mayapahit, consultado en febrero, marzo 2021.

NowBali.co.id: Mads Lange: Why a Danish Man has a Kuta street named after him, https://nowbali.co.id/mads-lange-bali-history/, consultado en febrero, marzo 2021.

NusaStudio, *Balinese Silver-making*, https://www.nusa.studio/balinese-silver/, consultado en febrero, marzo 2021.

Rivers, P.J., 2004. *Monsoon Rhythms and Trade Patterns: Ancient Times East of Suez*. Journal of the Malaysian Branch of the Royal Asiatic Society Vol.77, No.2 (287) (2004), pp.59-93, *JSTOR*, https://www.jstor.org/stable/41493525?read-now=1&seq=1#page_scan_tab_contents, consultado en febrero, marzo 2021.

Speake, Jennifer, 2003. *Literature of Travel and Exploration: G to P*, consultado vía Google Books, febrero, marzo 2021.

Sunarya, I Ketut, 2021. *Kriya Bebali in Bali: its essence, symbolic, aesthetic*, consultado vía tandfonline.com, https://doi.org/10.1080/23311886.2021.1882740, febrero, marzo 2021.

Thomas, Prof. David R., 2011, *Origins of the Austronesian Peoples*, University of Auckland, New Zealand, consultado vía ResearchGate, https://www.researchgate.net/publication/236169876_Origins_of_the_Austronesian_Peoples, febrero, marzo 2021.

Tatu, Robin, 1999. *I Gusti Putu Jelantik's Babad Buleleng Placed within Historical Context*, Explorations in Southeast Asian Studies, A Journal of the Southeast Asian Studies Student Association, Vol 3, consultado vía the University of Hawaii, https://scholarspace.manoa.hawaii.edu/bitstream/10125/2540/1/I%20Gusti%20Putu%20Jelantik%27s%20Babad%20Buleleng%20Placed%20within%20Histori.pdf, febrero, marzo 2021.

Tripati, S., 2017. *HISTORICAL NOTES, Early users of monsoon winds for navigation,* consultado vía ResearchGate, https://www.researchgate.net/publication/321418755_HISTORICAL_NOTES_Early_users_of_monsoon_winds_for_navigation, febrero, marzo 2021.

Villa-Bali.com: *What's Behind the Name Bali*, https://www.villa-bali.com/guide/whats-bali/, consultado en febrero, marzo 2021.

VisitBali.id. *Bali Aga Tribe: Indigenous People of Bali*, https://visitbali.id/property/the-bali-aga-of-trunyan-traditional-village, consultado en febrero, marzo 2021.

Wikipedia: *Airlangga*, https://en.wikipedia.org/wiki/Airlangga, consultado en febrero, marzo 2021,

Anak Agung Bagus Suteja, https://en.wikipedia.org/wiki/Anak_Agung_Bagus_Suteja, consultado en febrero, marzo 2021,

Anglurah Agung, https://en.wikipedia.org/wiki/Anglurah_Agung, consultado en febrero, marzo 2021,

Austronesian Peoples, https://en.wikipedia.org/wiki/Austronesian_peoples, consultado en febrero, marzo 2021,

Bali, https://en.wikipedia.org/wiki/Bali, consultado en febrero, marzo 2021,

Bali Kingdom, https://en.wikipedia.org/wiki/Bali_Kingdom, consultado en febrero, marzo 2021: *Bali Temple,* https://en.wikipedia.org/wiki/Balinese_temple, consultado en febrero, marzo 2021,

Balinese Dance, https://en.wikipedia.org/wiki/Balinese_dance, consultado en febrero, marzo 2021,

Batavia, Dutch East Indies, https://en.wikipedia.org/wiki/Batavia,_Dutch_East_Indies, consultado en febrero, marzo 2021,

Colin McPhee, https://en.wikipedia.org/wiki/Colin_McPhee, consultado en febrero, marzo 2021,

Coral Triangle, https://en.wikipedia.org/wiki/Coral_Triangle, consultado en febrero, marzo 2021, *Dang Hyang Nirartha,* https://en.wikipedia.org/wiki/Dang_Hyang_Nirartha, consultado en febrero, marzo 2021,

Dewa Agung, https://en.wikipedia.org/wiki/Dewa_Agung, consultado en febrero, marzo 2021, *Dutch East India Company,* https://en.wikipedia.org/wiki/Dutch_East_India_Company, consultado en febrero, marzo 2021,

Dutch Intervention in Bali (1906),

 https://en.wikipedia.org/wiki/Dutch_intervention_in_Bali_(1906), consultado en febrero,

marzo 2021,

Dutch Intervention in Bali (1849), https://en.wikipedia.org/wiki/Dutch_intervention_in_Bali_(1849), consultado en febrero, marzo 2021,

Dutch Intervention in Lombok, https://en.wikipedia.org/wiki/Dutch_intervention_in_Lombok_and_Karangasem, consultado en febrero, marzo 2021,

East India Company, https://en.wikipedia.org/wiki/East_India_Company, consultado en febrero, marzo 2021,

Geringsing, https://en.wikipedia.org/wiki/Geringsing, consultado en febrero, marzo 2021,

History of Bali, https://en.wikipedia.org/wiki/History_of_Bali, consultado en febrero, marzo 2021,

Flora of Indonesia, https://en.wikipedia.org/wiki/Flora_of_Indonesia#Sundaland, consultado en febrero, marzo 2021,

French and British interregnum in the Dutch East Indies, https://en.wikipedia.org/wiki/French_and_British_interregnum_in_the_Dutch_East_Indies, consultado en febrero, marzo 2021,

Gelgel, Indonesia, https://en.wikipedia.org/wiki/Gelgel,_Indonesia, consultado en febrero, marzo 2021,

Gregory Bateseon, https://en.wikipedia.org/wiki/Gregory_Bateson, consultado en febrero, marzo 2021,

Indonesian National Revolution, https://en.wikipedia.org/wiki/Indonesian_National_Revolution, consultado en febrero, marzo 2021,

Islam in Indonesia, https://en.wikipedia.org/wiki/Islam_in_Indonesia#History, consultado en febrero, marzo 2021,

Jakarta, https://en.wikipedia.org/wiki/Jakarta, consultado en febrero, marzo 2021,

Kakawin, https://en.wikipedia.org/wiki/Kakawin, febrero, marzo 2021,

Kakawin Sutasoma, https://en.wikipedia.org/wiki/Kakawin_Sutasoma, consultado en febrero, marzo 2021,

Lesser Sunda Islands, https://en.wikipedia.org/wiki/Lesser_Sunda_Islands, consultado en febrero, marzo 2021,

Lombok, https://en.wikipedia.org/wiki/Lombok#History, consultado en febrero, marzo 2021,

Mads Johansen Lange, https://en.wikipedia.org/wiki/Mads_Johansen_Lange, consultado en febrero, march 2021,

Maluku Islands, https://en.wikipedia.org/wiki/Maluku_Islands, consultado en febrero, marzo 2021,

Margaret Mead, https://en.wikipedia.org/wiki/Margaret_Mead, consultado en febrero, marzo 2021,

Mataram Sultanate, https://en.wikipedia.org/wiki/Mataram_Sultanate, consultado en febrero, marzo 2021,

Medang Kingdom, https://en.wikipedia.org/wiki/Medang_Kingdom, consultado en febrero, marzo 2021,

Miguel Covarrubias, https://en.wikipedia.org/wiki/Miguel_Covarrubias, consultado en febrero, marzo 2021,

Moon of Pejeng, https://en.wikipedia.org/wiki/Moon_of_Pejeng, consultado en febrero, marzo 2021,

Nagarakretagama, https://en.wikipedia.org/wiki/Nagarakretagama, consultado en febrero, march 2021,

Nusantara, https://en.wikipedia.org/wiki/Nusantara, consultado en febrero, marzo 2021,

Pejeng Drum, https://en.wikipedia.org/wiki/Pejeng_drum, consultado en febrero, marzo 2021, *Portuguese Malacca,* https://en.wikipedia.org/wiki/Portuguese_Malacca, consultado en febrero, marzo 2021,

Provinces of Indonesia, https://en.wikipedia.org/wiki/Provinces_of_Indonesia, consultado en febrero, marzo 2021,

Ring of Fire, https://en.wikipedia.org/wiki/Ring_of_Fire, consultado en febrero, marzo 2021: *Shailendra Dynasty,* https://en.wikipedia.org/wiki/Shailendra_dynasty, consultado en febrero, marzo 2021,

Singaraja, https://en.wikipedia.org/wiki/Singaraja, consultado en febrero, marzo 2021,

Singhasari, https://en.wikipedia.org/wiki/Singhasari, consultado en febrero, marzo 2021,

Sir Stamford Raffles, https://en.wikipedia.org/wiki/Stamford_Raffles, consultado en febrero, marzo 2021,

Spanish East Indies, https://en.wikipedia.org/wiki/Spanish_East_Indies, consultado en febrero, marzo 2021,

Spice Trade, https://en.wikipedia.org/wiki/Spice_trade, consultado en febrero, marzo 2021,

Sunda Shelf, https://en.wikipedia.org/wiki/Sunda_Shelf, consultado en febrero, marzo 2021,

Tjokorda Gde Raka Soekawati,

https://en.wikipedia.org/wiki/Tjokorda_Gde_Raka_Soekawati, consultado en febrero, marzo 2021, *Trade Route,* https://en.wikipedia.org/wiki/Trade_route, consultado en febrero, marzo 2021, *Wayang,* https://en.wikipedia.org/wiki/Wayang, consultado en febrero, marzo 2021, *Wallace Line,* https://en.wikipedia.org/wiki/Wallace_Line, consultado en febrero, marzo 2021, *Walter Spies,* https://en.wikipedia.org/wiki/Walter_Spies, consultado en febrero, marzo 2021.

WonderfulBali.com: *Lontar Library Gedong Kirtya Singaraja*, https://www.wonderfulbali.com/lontar-library-gedong-kirtya-singaraja/, consultado en febrero, marzo 2021.

Referencias de imágenes

[1] Mapa físico de Indonesia. *Fuente*: Worldometers, *https://www.worldometers.info/img/maps/indonesia_physical_map.gif*, consultado en
febrero, marzo 2021.

[2] Mapa de las Islas Menores de la Sonda. *Fuente*: Lencer, 2017. Consultado vía Wikimedia Commons,
https://commons.wikimedia.org/wiki/File:Lesser_Sunda_Islands_en.png, consultado en
febrero, marzo 2021.

[3] Mapa topográfico de Bali. *Fuente*: Bali Tourism Board,
https://www.balitourismboard.org/bali_topolgraphy.html, consultado en febrero, marzo
2021.

[4] El santuario de los monos de Ubud. *Fuente*: Deepti Gupta, Travel Triangle, https://traveltriangle.com/blog/ubud-monkey-forest/, consultado en febrero, marzo 2021.

[5] Prau austronésico. *Fuente*: Guampedia, 2019, *Canoe Building*, https://www.guampedia.com/canoe-building-2/, consultado en febrero, marzo 2021.

[6] Sarcófago neolítico de piedra. *Fuente*: World Imaging, 2009, consultado vía Wikimedia Commons, https://commons.wikimedia.org/wiki/File:Neolithic_stone_sarcophagus_Bali.jpg, febrero, marzo 2021.

[7] Tambor de Pejeng. *Fuente*: Wikiwand, Pejeng Drum, https://www.wikiwand.com/en/Pejeng_drum, consultado en febrero, marzo 2021.

[8] Mujeres con ropa de Geringsing. *Fuente*: Bewishbaliblog, 'Bali Culture Advisor', 2016, https://baliculturadvisor.wordpress.com/2016/04/21/gringsing-cloth/, consultado en

febrero, marzo 2021.

[9] Templo Jagatnatha, Jembrana. *Fuente:* Sunarya, 2011, pg. 235, consultado vía Taylor & Francis Online. Sunarya, I Ketut, 2021, *Kriya Bebali in Bali: Its essence, symbolic, and aesthetic*, https://www.tandfonline.com/doi/full/10.1080/23311886.2021.1882740, consultado en febrero, marzo 2021.

[10] Templo Besakih de Bali. *Fuente:* CEphoto, Uwe Aranas, 2015 consultado vía

Wikimedia Commons,

https://commons.wikimedia.org/wiki/File:Besakih_Bali_Indonesia_Pura-Besakih-02.jpg, and https://commons.wikimedia.org/wiki/File:Besakih_Bali_Indonesia_Pura-Besakih-01.jpg, febrero, marzo 2021.

[11] Templo de Rambut Siwi. *Fuente*: BaliFantastic.com, https://www.balifantastic.com/tourism-objects/rambut-siwi-temple/, febrero, marzo 2021.

[12] Danza balinesa Pendet. *Fuente*: Michel, Christopher, 2009, consultado vía Wikimedia Commons, https://commons.wikimedia.org/wiki/File:Tari_Pendet.jpg, febrero, marzo 2021.

[13] Terrazas de arroz en Jatiluwih. *Fuente*: Imacim, 2018, consultado vía Wikimedia Commons, https://commons.wikimedia.org/wiki/File:Jatiluwih_rice_terraces.jpg, febrero, marzo 2021.

www.ingramcontent.com/pod-product-compliance
Lightning Source LLC
LaVergne TN
LVHW011841060526
838200LV00054B/4127